ŒUVRES COMPLÈTES

DE

EUGÈNE SCRIBE

DE L'ACADÉMIE FRANÇAISE

RÉSERVE DE TOUS DROITS

DE PROPRIÉTÉ LITTÉRAIRE

En France et à l'Étranger

ŒUVRES COMPLÈTES
DE
EUGÈNE SCRIBE

DE L'ACADÉMIE FRANÇAISE

COMÉDIES

VAUDEVILLES

LOUISE. — LA COUR D'ASSISES

LA SECONDE ANNÉE

ZOÉ. — PHILIPPE

PARIS

E. DENTU, LIBRAIRE-ÉDITEUR

PALAIS-ROYAL, 17-19, GALERIE D'ORLÉANS.

1882

21355
T. 20
Ex 1

Paris. — Soc. d'imp. PAUL DUPONT. (Cl.) 206.10.81.

LOUISE

ou

LA RÉPARATION

COMÉDIE-VAUDEVILLE EN DEUX ACTES

EN SOCIÉTÉ AVEC MM. MELESVILLE ET BAYARD.

THÉATRE DE S. A. R. MADAME. — 16 Novembre 182

| PERSONNAGES. | ACTEURS. |

M. DE MALZEN, jeune baron. . . . . MM. PAUL.
SALSBACH, avocat. . . . . NUMA.
FRITZ, domestique de Mme Barneck. . . . . BORDIER.
SIDLER, ami de Malzen. . . . . BERCOUR.

Mme BARNECK, veuve d'un riche négociant. . Mmes JULIENNE.
LOUISE, sa nièce. . . . . LÉONTINE FAY.

PLUSIEURS JEUNES GENS, amis de Malzen. — DAMES invitées à la noce.

Dans le grand-duché de Bade.

LOUISE
ou
LA RÉPARATION

ACTE PREMIER

Un salon de la maison de madame Barneck. Porte au fond. Portes latérales. La porte, à gauche de l'acteur, est celle de l'appartement de madame Barneck.

SCÈNE PREMIÈRE.

Mme BARNECK, SALSBACH.

Mme BARNECK.

Est-il possible? monsieur Salsbach parmi nous! je vous croyais à Saint-Pétersbourg.

SALSBACH.

Après deux ans d'absence j'arrive aujourd'hui, ma chère madame Barneck, et viens passer quelques jours avec vous. Je me suis arrêté d'abord à Carlsruhe, pour rendre compte de ma mission à S. A. le grand-duc : il était absent, je ne l'ai pas attendu, et ma seconde visite est pour mes anciens amis, mes excellents clients; car c'est votre mari, feu monsieur Barneck, qui m'a lancé dans la carrière. Votre fortune n'en a pas souffert; car si j'ai souvent plaidé pour vous...

Mme BARNECK.

Nous avons toujours gagné.

SALSBACH.

Je le crois bien; avec vous, c'est facile : vous avez de l'argent et de l'obstination; c'est tout ce qu'il faut dans un procès.

Mme BARNECK.

Moi, de l'obstination!

SALSBACH.

Ou, si vous aimez mieux, du caractère... un caractère noble, généreux et têtu, qui fait que, quand vous avez une idée là... vous aimeriez mieux ruiner vous et les vôtres, que d'y renoncer un instant. Du reste, la meilleure femme du monde, qui mettez à obliger les gens la même ténacité qu'à leur nuire, et dont la bourse est toujours ouverte à l'amitié. J'en sais quelque chose, et les malheureux du pays encore plus que moi.

Mme BARNECK.

Monsieur Salsbach...

SALSBACH.

J'espère, du reste, que vos affaires, votre famille, tout cela va bien?

Mme BARNECK.

A merveille, et vous? votre négociation?

SALSBACH.

Un plein succès. Nos voisins allaient obtenir à notre détriment un traité de commerce fort désavantageux pour nos mines de Badenville et nos vignobles du Rhin, on ne savait comment l'empêcher.

AIR du vaudeville du *Piège*.

Il nous fallait, pour réussir
Dans ces affaires délicates,
Des gens qui puissent parvenir,
Esprits fins, adroits diplomates,
Hommes de génie à peu près...
Mais dans notre diplomatie,
Les hommes ne manquent jamais...
Il ne manque que du génie.

Alors notre excellent prince a pensé à moi. Il s'est dit : Puisqu'il ne s'agit que d'embrouiller l'affaire, j'ai là le premier avocat de Carlsruhe, monsieur Salsbach, que je vais leur adjoindre. Et il a eu raison, tout a réussi au gré de ses désirs; aussi j'espère bien que le grand-duc saura reconnaître mes services. Et avant de quitter Carlsruhe je lui laisse une demande. Je sollicite, vous savez, ce qui a toujours été l'objet de mes désirs, de mon ambition, des lettres de noblesse.

Mme BARNECK.

Des lettres de noblesse !

SALSBACH.

Pourquoi pas? vous qui vous êtes enrichie dans le commerce, qui avez des millions, qui êtes la première bourgeoise de la ville, vous n'aimez pas les grands seigneurs ni la noblesse; tous les industriels en disent autant... et demandent des cordons; mais moi c'est différent... le titre de *conseiller* ou de *baron* fait bien pour les clients, cela les fait payer double, et rien que ce mot *de... de Salsbach*, mis au bas d'une consultation, savez-vous ce que cela fera?

Mme BARNECK.

Cela allongera vos plaidoyers, et voilà tout.

SALSBACH.

Allons ; nous voilà déjà en querelle.

Mme BARNECK.

Certainement, je ne trouve rien de plus ridicule que les gens qui achètent la noblesse.

SALSBACH.

Ne disputons pas là-dessus, surtout un jour d'arrivée, et daignez plutôt me présenter à votre aimable nièce, à votre fille d'adoption, la petite Louise, qui, depuis trois ans, doit être bien embellie.

Mme BARNECK.

Grâce au ciel!

SALSBACH.

Je me rappelle les soins que vous preniez de son éducation ; vous ne la quittiez pas d'un instant, et vu que c'est votre seule parente, celle-là peut se vanter d'avoir un jour une belle fortune.

AIR : On dit que je suis sans malice. (*Le Bouffe et le Tailleur.*)

> Que son sort est digne d'envie !
> Être à la fois riche et jolie,
> C'est trop pour un seul prétendant :
> De nos jours on n'en veut pas tant.
> L'un la prendrait pour sa richesse,
> Un autre pour sa gentillesse ;
> Ce qu'elle a pour faire un heureux
> Suffirait pour en faire deux.

Aussi quand elle se mariera...

Mme BARNECK, lui prenant la main d'un ton solennel.

Elle se marie aujourd'hui, mon cher monsieur Salsbach.

SALSBACH.

Qu'est-ce que vous m'apprenez là ?

Mme BARNECK, de même.

Dans une heure.

SALSBACH.

Et vous ne me le disiez pas ! et j'arrive exprès pour cela !

J'espère, par exemple, que vous avez jeté les yeux sur ce qu'il y a de mieux, que son époux est jeune, aimable et bien fait!

Mme BARNECK.

Je ne sais, on le dit.

SALSBACH.

Comment! vous qui aimez tant votre nièce, qui deviez être si difficile sur le choix de son mari, vous ne le connaissez pas!

Mme BARNECK.

Je l'ai vu une fois; mais j'aurais peine à me le rappeler.

SALSBACH.

Cependant quand il venait faire sa cour à votre nièce...

Mme BARNECK, s'animant.

Lui, venir ici! lui, mettre les pieds chez moi! si cela lui était arrivé, s'il avait osé!...

SALSBACH.

Eh! mon Dieu! qu'est-ce que cela veut dire?

Mme BARNECK.

Ah! mon cher monsieur Salsbach, pourquoi étiez-vous absent? c'est dans une pareille affaire que vos conseils et votre expérience m'auraient été bien utiles.

SALSBACH.

Parlez, de grâce.

Mme BARNECK.

Chut! Un de nos gens... pas un mot devant lui.

SCÈNE II.

Les mêmes; FRITZ.

FRITZ.

Pardon, madame, si j'entre comme cela.

SALSBACH.

Eh! c'est Fritz, votre garde-chasse.

FRITZ.

Salut, monsieur Salsbach; vous vous portez bien tout de même?

SALSBACH.

Ah! tu me reconnais.

FRITZ.

Parbleu! c'est vous qui avez fait mon mariage; et mieux que cela, c'est vous qui avez fait mon divorce. Ce sont des choses qui ne s'oublient pas... Ce bon monsieur Salsbach!

SALSBACH.

Tu me parais engraissé.

FRITZ.

Dame! le calme et la tranquillité... c'est-à-dire, pour le moment, je viens d'avoir une révolution, vu que le futur, pour qui j'avais une commission de madame, m'a reçu la cravache à la main.

SALSBACH.

Hein!

Mme BARNECK.

Est-ce qu'il t'a frappé?

FRITZ.

Je ne crois pas, mais c'en était bien près: Il gesticulait en marchant dans la cour de Malzen.

SALSBACH.

De Malzen! Comment! ce serait ce jeune baron de Malzen, dont le père, ancien ministre du prince, se croit le premier gentilhomme de l'Allemagne?

Mme BARNECK.

Lui-même.

FRITZ.

J'allais donc le prévenir, de la part de madame, que la cérémonie était pour quatre heures, et qu'il eût à se trouver ici, au château d'Ober-Farhen, pour y recevoir la bénédiction nuptiale, comme le jugement l'y condamne.

SALSBACH.

Le jugement !

FRITZ.

Ah! dame, il avait l'air vexé.

Mme BARNECK.

Vraiment?

FRITZ.

Ça faisait plaisir à voir ; il se mordait les lèvres en disant : « Je le sais, j'ai reçu l'assignation ; mais ta maîtresse est bien pressée. — Oh! que je lui ai dit d'un petit air en dessous, elle ne s'en soucie pas plus que Votre Seigneurie ; mais quand il y a jugement, faut obéir à la loi. »

Mme BARNECK.

Très-bien.

SALSBACH, à part.

Si j'y comprends un mot...

FRITZ.

Ça l'a piqué ; il s'est avancé, je crois, pour me payer ma commission ; et comme madame m'avait défendu de rien recevoir, j'y ai tourné le dos, au galop.

Mme BARNECK.

Et tu as bien fait, va, mon garçon ; je suis contente. Va voir si tout est disposé dans la chapelle ; et fais dresser la table pour le souper.

FRITZ.

Oui, madame, et je souperai aussi.

(Fritz sort par le fond, Salsbach le reconduit, et en descendant le théâtre il se trouve à la droite de madame Barneck.)

1

SCÈNE III.

SALSBACH, Mme BARNECK.

SALSBACH.
L'ai-je bien entendu! un mariage par arrêt de la cour!

Mme BARNECK.
Eh bien! oui, c'est la vérité ; vous savez que, quand je plaide une fois, j'y mets du caractère, et j'aurais dépensé un million en assignations, plutôt que de ne pas obtenir la réparation qu'il devait à notre famille.

SALSBACH.
J'entends. Ces jeunes nobles se croient tout permis, et le baron de Malzen aura tenté de séduire Louise.

Mme BARNECK.
La séduire !

AIR : Un page aimait la jeune Adèle. (Les Pages du duc de Vendôme.)

Que dites-vous ? dans mon expérience
N'a-t-elle pas un modèle, un soutien ?
Oui, de son cœur, où règne l'innocence,
Je vous réponds, monsieur, comme du mien.
Aussi, malgré tout l'amour qu'elle inspire,
Le plus hardi n'eût osé s'avancer ;
Car, pour tenter de la séduire,
C'était par moi qu'il fallait commencer.

La pauvre enfant, grâce au ciel, n'a rien à se reprocher, et elle me disait hier encore, en caressant le petit Alfred, son fils...

SALSBACH.
O ciel ! vous seriez grand' tante !

Mme BARNECK.
D'un enfant beau comme le jour.

SALSBACH.

Miséricorde ! voilà du nouveau.

Mme BARNECK.

Un enfant dont je raffole, je ne peux pas vivre sans lui ; c'est moi, monsieur, qui suis sa marraine.

SALSBACH.

J'y suis. Vous êtes si bonne, si indulgente ! vous avez pardonné à votre nièce.

Mme BARNECK.

Lui pardonner ! eh quoi donc ? est-ce sa faute si le baptême est venu avant les fiançailles ? est-ce sa faute, si un rapt, un enlèvement ?... Ne parlons pas de cela ; car je me mettrais en colère ; et depuis trois ans, je ne fais pas autre chose. Je serais morte de chagrin, sans le désir d'obtenir justice, et de désoler ces grands seigneurs, ces barons que je ne puis souffrir. Il n'y avait que cela qui me soutenait. Je me suis d'abord adressée à l'ancien ministre, au vieux Malzen.

SALSBACH.

C'était bien, c'était la marche à suivre.

Mme BARNECK.

Croiriez-vous qu'il a eu l'audace de me répondre, en l'absence de son fils qui voyageait alors en Italie, que si réellement le jeune homme s'était oublié avec une petite bourgeoise, il ne se refuserait pas à payer des dommages et la pension d'usage ?

SALSBACH, avec colère.

Une pension ! des dommages-intérêts, pour réparer !...

Mme BARNECK, vivement.

Oui, monsieur, ce qui est irréparable. Je répondis que les Barneck, enrichis par le travail et le commerce, valaient un peu mieux que les Malzen, barons ruinés par l'orgueil et la paresse.

SALSBACH.

A la bonne heure !

Mme BARNECK.

Que c'était moi qui croyais me mésallier en faisant un pareil mariage ; mais que je voulais qu'il eût lieu pour rendre l'honneur à ma nièce, un rang à son fils ; car je veux que mon filleul soit baron. Ce cher enfant, il le sera.

SALSBACH.

Vous qui ne les aimez pas ?

Mme BARNECK.

Ah ! dans ma famille, c'est différent.

SALSBACH.

Et monsieur de Malzen...

Mme BARNECK.

Se permit de m'envoyer promener.

SALSBACH.

L'insolent !

Mme BARNECK.

Moi, je menaçai d'un procès.

SALSBACH.

Il fallait commencer par là. Un procès ! et je n'y étais pas ! Comme je l'aurais mené ! J'y aurais mangé sa fortune et la vôtre.

Mme BARNECK, lui prenant la main.

Ah ! mon ami !

SALSBACH.

Voilà comme je suis ! C'est dans ces cas-là qu'on se retrouve.

Mme BARNECK.

En votre absence, je fis marcher les huissiers ; on plaida, et en moins d'un an, je gagnai en deux instances.

SALSBACH.
Bravo ! je n'aurais pas mieux fait.

AIR : Un homme pour faire un tableau. (*Les hasards de la guerre*.)

Le bon droit enfin l'emporta.

Mme BARNECK.
Mais, par une chance fatale,
Le vieux baron nous échappa ;
Il était mort dans l'intervalle.
J'ai toujours, je le connaissais,
Des soupçons sur sa fin précoce,
Et je crois qu'il est mort exprès
Pour ne point paraître à la noce.

SALSBACH.
Mais son fils ?...

Mme BARNECK.
Son fils, revenu depuis peu de ses voyages, doit se présenter aujourd'hui pour exécuter la sentence.

SALSBACH.
Il paraît que ce n'est pas de trop bonne grâce.

Mme BARNECK.
Oh ! vous n'avez pas d'idée de tout ce qu'il a fait pour nous échapper, jusqu'à nous menacer de se brûler la cervelle.

SALSBACH.
Vraiment !

Mme BARNECK.
Toutes les chicanes possibles ! Mais il n'y a pas moyen pour lui de se soustraire ni à l'arrêt, ni à la noce ; car, grâce au ciel, il y est contraint, et par corps.

SALSBACH.
C'est bien.

Mme BARNECK.
Je n'ai pas besoin de vous dire que le procès a été jugé

à huis clos, et que, dans l'intérêt même de ma nièce, je n'ai pas laissé ébruiter l'affaire. Une seule chose me contrarie, c'est l'indifférence de Louise. Elle ne sent pas comme nous le plaisir de la vengeance. Vous ne croiriez pas que ce matin elle ne voulait pas entendre parler de ce mariage, et voyez où nous en serions si le refus venait d'elle... Heureusement que vous voici, et je compte sur vous pour la décider à être baronne.

SALSBACH.

Soyez tranquille.

Mme BARNECK.

Mais j'entends déjà les voitures. Sans doute nos jeunes gens. Bravo ! courons à ma toilette.

SALSBACH.

Comment ? du monde ?

Mme BARNECK.

Eh oui ! Vous ne savez pas ?... monsieur de Malzen avait demandé, pour se sauver une humiliation, que le mariage se fît sans bruit, sans témoins.

AIR de *ma Tante Aurore*.

Mais je ne lui fais pas de grâce :
Il craint l'éclat, et sans façons,
Moi, j'ai fait inviter en masse
Tous les nobles des environs.
Quel dépit quand on va lui faire
Des compliments à l'étourdir !
Et puis au bal quelle colère !
Avec lui je prétends l'ouvrir.

SALSBACH.

Vous danserez !

Mme BARNECK.

Ah ! quel plaisir !
A quinze ans je crois revenir.

La vengeance fait rajeunir.
Ah ! quel plaisir !
(Elle rentre dans son appartement.)

SALSBACH.

Elle en perdra la tête, c'est sûr. Quant à sa nièce, je vais...

SCÈNE IV.

SALSBACH, SIDLER, Plusieurs Jeunes gens en toilette.

LES JEUNES GENS.

AIR : Au lever de la mariée.

Dès qu'un ami nous appelle,
Nous accourons à sa voix,
Prêts à célébrer la belle
Qui l'enchaîne sous ses lois.
C'est à l'amitié fidèle
De célébrer à la fois
L'amour, l'hymen et ses lois !

SALSBACH, à part.

Ma chère cliente avait raison, ce sont tous les gentilshommes des environs.

SIDLER.

Monsieur, nous avons l'honneur... (Bas aux autres.) Figure respectable, air gauche. S'il y a un père, c'est lui. (Haut.) Nous nous rendons à l'aimable invitation de notre ami Malzen, qui, à ce qu'il paraît, n'est pas encore arrivé.

SALSBACH, froidement.

Non, messieurs. Vous êtes plus pressés que lui.

SIDLER.

Il est vrai que nous sommes venus si vite ; et il fait une chaleur... (Bas aux jeunes gens.) Il me semble qu'il pourrait nous offrir des rafraîchissements, ou du moins un siège. (Haut à Salsbach.) Monsieur est un parent de la mariée ?

SALSBACH, froidement.

Non, monsieur ; un ami.

SIDLER.

Chargé peut-être de nous faire les honneurs ?

SALSBACH.

Je ne suis chargé de rien.

SIDLER.

Je m'en doutais. Il est impossible alors de remplir avec plus d'exactitude et de fidélité les fonctions que vous vous êtes réservées.

SALSBACH.

AIR du vaudeville des *Scythes et les Amazones*.

Le fat ! j'étouffe de colère.

SIDLER, en riant, à ses amis.

Que dites-vous du compliment ?

SALSBACH.

Mais attendons, j'aurai bientôt, j'espère,
 Comme eux, droit d'être impertinent.
Depuis longtemps ils l'ont par leur naissance ;
 Mais qu'un jour je l'aie obtenu,
Plus qu'eux encor j'aurai de l'insolence,
 Pour réparer du moins le temps perdu.

(Salsbach passe à gauche, Sidler et les jeunes gens à droite.)

SIDLER, qui pendant ce temps s'est rapproché de la porte du fond.

Mes amis, mes amis, j'aperçois le marié ; il entre dans la cour.

TOUS.

Est-il bien beau ?

SIDLER.

Non, vraiment... en bottes, en éperons, costume de cheval; singulier habit de noce! Mais il paraît qu'ici (Regardant Salsbach en riant.) tout est original.

SALSBACH, à part.

Encore, morbleu! Allons trouver Louise, et faire prévenir la tante de l'arrivée de son estimable neveu.

(Il entre dans l'appartement de madame Barneck.)

SIDLER.

Allons, messieurs, le compliment d'usage au marié.

SCÈNE V.

MALZEN entrant, SIDLER, et LES AUTRES JEUNES GENS, l'entourant.

LES JEUNES GENS.

Dès qu'un ami nous appelle,
Nous accourons à sa voix,
Prêts à célébrer la belle
Qui l'enchaîne sous ses lois.
C'est à l'amitié fidèle
De célébrer à la fois
L'amour, l'hymen et ses lois!

MALZEN.

Que vois-je! comment, vous êtes ici! qui vous y amène?

SIDLER.

Et lui aussi! c'est aimable. Il paraît que c'est le jour aux réceptions gracieuses. Ingrat! nous venons assister à ton bonheur.

MALZEN, à part.

Que le diable les emporte! (Haut.) Je suis bien reconnaissant; mais, de grâce, qui a daigné vous prévenir?

SIDLER, lui présentant une lettre.

Toi-même; vois plutôt, la circulaire de rigueur.

MALZEN, prenant la lettre.

Hein! plaît-il! (La parcourant des yeux.) « Le baron de Malzen « vous prie de lui faire l'honneur, *et cœtera.* » Allons, encore un tour de cette vieille folle! Décidément, c'est une guerre à mort.

SIDLER.

Est-ce que ce n'est pas toi qui nous as invités?

MALZEN.

Je m'en serais bien gardé; non pas que je ne sois charmé... mais dans la position où je me trouve...

SIDLER.

Je me doutais bien qu'il y avait quelque chose; tu n'es pas très-bien avec la famille?

MALZEN.

On ne peut pas plus mal.

SIDLER.

Je comprends. La jeune personne... une passion...

MALZEN.

Du tout, elle ne peut pas me souffrir.

SIDLER.

Bah! alors c'est donc toi...

MALZEN.

Moi! je la déteste.

SIDLER.

J'y suis. C'est tout à fait un mariage de convenance.

MALZEN.

Il n'y en a aucune.

SIDLER.

Et tu l'épouses?

MALZEN.

Peut-être.

SIDLER.

Ah! çà, mais à moins d'y être condamné...

MALZEN.

Précisément, je le suis.

TOUS.

Que dis-tu?

SIDLER.

Oh! pour le coup, je m'y perds; explique-toi.

MALZEN.

C'est bien l'aventure la plus maussade et la plus comique en même temps; car si elle était arrivée à l'un de vous, j'en rirais de bon cœur, parce qu'au fond le malheur ne me rend pas injuste. Au fait, le commencement était assez agréable : une jeune fille, jolie et fraîche comme les amours, seize ans au plus, simple comme au village, du moins je le croyais... car maintenant je suis sûr que j'avais affaire à la coquette la plus adroite! C'était dans un bal!... Eh! mais, Sidler, tu y étais aussi, il y a trois ans?

SIDLER.

Chez le grand-bailli! parbleu, je m'en souviens; je faillis étouffer quand le feu prit à la salle, tout le monde courait.

MALZEN.

C'est cela. Tremblant pour les jours de ma jolie danseuse, je l'enlevai dans mes bras, et la portai au bout du jardin, dans un pavillon isolé, où, vu la distance, il était impossible que le feu arrivât. Mais je n'avais pas prévu un autre danger, la petite s'était évanouie pendant le trajet, j'étais fort embarrassé pour avoir du secours; je n'osais la quitter... (Souriant.) Et puis, entre nous, j'ai le malheur de ne pas croire aux évanouissements! Bref, je ne sais, mais je n'appelai personne... et... enfin, c'est trois mois après, lorsque j'étais au fond de l'Italie, que j'apprends qu'on me suscite le procès le plus ridicule.

SIDLER.
C'est drôle, cette histoire-là; tu aurais dû nous l'écrire.

MALZEN.
Oui, autant la mettre dans la gazette; et puis cela a été si vite... Se trouver tout de suite époux et père, par arrêt de la cour, et avec dépens.

AIR : de l'aimable Thémire. (ROMAGNÉSI.)

D'un fils on me menace,
J'ignorais qu'il fût né;
Et, père contumace,
Me voilà condamné.
J'arrive, par prudence,
Et sans retard aucun,
De peur que mon absence
Ne m'en coûte encore un !

SIDLER.
C'est donc une famille qui a du crédit, une famille noble?

MALZEN.
Eh non ! de la bonne bourgeoisie, et voilà tout.

SIDLER.
Il fallait en appeler.

MALZEN.
Nous n'y avons pas manqué; et nous avons encore perdu.

SIDLER.
C'est une horreur; mais cela ne me surprend pas, la justice à présent est si bourgeoise! elle est pour tout le monde. Mais elle a beau faire, nous sommes au-dessus d'elle, et à ta place...

MALZEN.
Qu'est-ce que tu ferais ?

SIDLER.
Je m'en irais, je me moquerais de l'arrêt.

(Les jeunes gens remontent la scène, Malzen et Sidler seuls se trouvent sur le devant.)

MALZEN.

Et si je ne l'exécute pas, je suis privé de mon grade, déshonoré, je ne puis plus servir, ma carrière est perdue.

SIDLER.

Il fallait alors t'adresser au prince, dont ton père a été ministre; il t'aime, et si tu lui présentais requête...

MALZEN.

C'est ce que j'ai fait inutilement. Hier encore je lui en ai adressé une nouvelle. La réponse n'arrive pas, l'heure s'avance, et pour la mémoire de mon père, pour ma propre dignité, il ne me reste plus qu'un moyen, que j'aurais dû peut-être tenter plus tôt. Chut! (Regardant par la porte à gauche.) Quelqu'un paraît au bout de cette galerie.

SIDLER.

Est-ce la mariée?

MALZEN.

Eh! non, c'est la tante.

SIDLER.

Dieu! quelle toilette!

MALZEN.

Et quel port majestueux! un vrai portrait de famille. Décidément il n'est pas permis d'avoir une tante comme ça. Laissez-moi, j'ai à lui parler.

SIDLER.

Veux-tu que nous restions là pour te soutenir?

MALZEN.

Du tout.

SIDLER.

Mais tu ne seras pas en force.

MALZEN.

AIR du *Siège de Corinthe*.

Laissez-moi seul avec ma tante.

SIDLER.

Vous laisser ainsi tous les deux !
Avec femme si séduisante,
Le tête-à-tête est dangereux.
Si dans tes bras en pâmoison soudaine,
Comme sa nièce, elle allait se trouver !
Crains sa faiblesse.

MALZEN.

Ah ! crains plutôt la mienne.
Je ne pourrais à coup sûr l'enlever.

Ensemble.

MALZEN.

Oui, morbleu ! je brave la tante,
Laissez-nous ici tous les deux ;
L'entretien qui vous épouvante
N'a rien pour moi de dangereux.

SIDLER et LES JEUNES GENS.

Allons, puisqu'il brave la tante,
Laissons-les ici tous les deux ;
Mais pour lui cela m'épouvante...
Le tête-à-tête est dangereux.

(Sidler et les jeunes gens entrent dans l'appartement à droite.)

SCÈNE VI.

MALZEN, Mme BARNECK, en grande parure.

Mme BARNECK.

Monsieur, on me prévient à l'instant...

MALZEN.

Madame, vous voyez un ennemi que le sort des armes n'a pas favorisé, et qui se rend à l'invitation que vous avez u la bonté de lui faire signifier.

Mme BARNECK.

C'est un peu tard, monsieur le baron ; mais quand on y

met autant de grâce et de bonne volonté... (A part.) Il étouffe.
Oh! que cela fait de bien!

MALZEN.

J'aurais pourtant quelques reproches à vous faire.

AIR du vaudeville du *Premier Prix.*

Pourquoi ces gens, cet étalage ?
Nous étions convenus...

Mme BARNECK.

Pardon,
Vous savez qu'en un mariage...

MALZEN.

Ah! ne lui donnez pas ce nom.
C'est un combat, c'est une guerre.

Mme BARNECK.

Rendez alors grâce à mes soins ;
Car dans un combat, d'ordinaire,
Vous savez qu'il faut des témoins.

Tout est prêt, monsieur ; et si vous voulez me suivre...

MALZEN.

Permettez, madame, je désirerais avant tout un moment d'entretien.

Mme BARNECK.

Comme ce n'est pas moi qui suis la fiancée, je vais faire appeler ma nièce, (Appuyant.) madame la baronne de Malzen.

MALZEN.

La baronne! (Froidement.) Non, madame, la présence de mademoiselle votre nièce est inutile; c'est avec vous seule que je veux causer un instant, si vous consentez à m'entendre.

Mme BARNECK.

Oui, monsieur, avec calme, et sans vous interrompre : dût-il m'en coûter, je vous le promets.

(Ils s'asseyent.)

MALZEN, après un court silence.

Ce qui s'est passé, madame, a pu vous donner de moi une opinion assez défavorable ; mais j'ose croire que, lorsque vous me connaîtrez, vous me jugerez mieux. J'ai eu des torts, j'en conviens ; et je ne les ai que trop expiés. C'est votre obstination qui a causé la mort de mon père.

Mme BARNECK.

Quoi, monsieur ?...

MALZEN.

Oui, madame, voilà ce que je ne pardonnerai jamais. Jugez alors si je puis entrer dans votre famille, et si ce mariage n'est pas impossible.

Mme BARNECK.

Impossible, monsieur ! si c'est pour cela...

MALZEN.

Ah ! madame, vous m'avez promis de ne pas m'interrompre : oui, un mariage impossible, car il ferait mon malheur, celui de votre nièce ; et vous ne voudriez pas la punir aussi, en la forçant à épouser quelqu'un qu'elle n'aime point, et qui n'aura jamais d'amour pour elle.

Mme BARNECK.

S'il y avait eu d'autres moyens...

MALZEN.

Il en est un, madame ; je vous dois un aveu, et je le ferai, quelque pénible qu'il puisse être pour moi. Vous me croyez riche, vous vous trompez ; je ne le suis pas. Mon père ne m'a rien laissé que son nom et ses titres. Tout ce que je puis donc faire pour réparer mes torts, c'est de reconnaître mon fils, de lui donner ce nom, ces titres, désormais mon seul bien. Et pour que vous soyez sûre que personne au monde ne pourra les lui disputer, je promets dès aujourd'hui de ne jamais me marier, de renoncer à toute alliance, et je suis prêt à en donner toutes les garanties que vous désirerez.

AIR du vaudeville du Baiser au porteur.

Ma parole n'est pas trompeuse,
Je vous le jure sur l'honneur !
Que votre nièce soit heureuse ;
Pour moi, je renonce au bonheur.
Ainsi, madame, et sans vaine chicane,
Mon crime peut être effacé,
Et l'avenir auquel je me condamne
Expîra les torts du passé.

Voilà, madame, la satisfaction que je vous offre.

Mme BARNECK, se levant.

Et moi, monsieur, je la refuse.

MALZEN, se levant.

Madame !

Mme BARNECK.

Mais, monsieur, la famille Barneck est riche, très-riche. Ce n'est ni la fortune, ni le titre d'un baron qui peut la satisfaire dans son honneur ; il lui faut mieux que cela.

MALZEN.

Oui, le baron lui-même.

Mme BARNECK.

Un bon mariage, bien public, bien solennel.

MALZEN.

Un mariage ! toujours ce maudit mariage !

Mme BARNECK.

Et il se fera aujourd'hui, dans une heure.

MALZEN.

Mais je vous répète que je n'aime point votre nièce.

Mme BARNECK.

Quand on se marie à l'amiable, cela peut être nécessaire ; mais dans les mariages par arrêt de la cour, on peut s'en passer.

MALZEN.

Eh bien ! madame, apprenez donc la vérité : je l'abhorre, je la déteste.

Mme BARNECK.

Nous en avons autant à vous offrir ; mais quand la loi est là, il faut bien s'y soumettre.

MALZEN.

C'est ce que nous verrons.

Mme BARNECK.

L'arrêt vous condamne à épouser, et vous épouserez.

MALZEN, hors de lui.

Plutôt vous épouser vous-même.

Mme BARNECK.

Eh mais, s'il y avait jugement, il le faudrait bien.

MALZEN, à part.

Je ne sais où j'en suis, et je serais capable de tout. (Haut.) Eh bien ! madame, puisque votre absurde tyrannie m'y contraint, il faudra bien devenir votre neveu ; mais je vous préviens qu'aujourd'hui même, aussitôt le mariage célébré, je forme ma demande en séparation.

Mme BARNECK.

La nôtre est déjà prête. La loi permet en pareil cas de se séparer au bout de vingt-quatre heures ; et nous comptons bien profiter du bénéfice de la loi.

MALZEN.

Moi aussi.

AIR : Non, non, vous ne partirez pas.

Ah ! j'y consens, je suis tout prêt.

Mme BARNECK.

C'est combler mon plus cher souhait.

MALZEN.

D'avance mon cœur s'y soumet.

Mme BARNECK.

C'est un bonheur.

MALZEN.

C'est un bienfait.

Mme BARNECK, vivement.

Alors, plus de querelle.

MALZEN, de même.

Car enfin, grâce au sort,
La rencontre est nouvelle :
Nous voilà donc d'accord!

Mme BARNECK et MALZEN, avec ironie.

Toujours d'accord, toujours d'accord.
(A part, avec colère.)
Quel caractère! ah! c'est trop fort!
Je lui jure une guerre à mort.

Ensemble.

SIDLER et LES JEUNES GENS arrivant.

Qu'avez-vous? quel est ce transport?
Et pourquoi donc crier si fort?
La méthode est vraiment nouvelle,
  Mais pourquoi crier si fort
    Si vous êtes d'accord?

Mme BARNECK et MALZEN, crient.

De grâce, calmez ce transport.
Grâce au ciel, nous voilà d'accord!
(A part.)
Ah! de cette injure nouvelle
  Je veux me venger encor;
    Tous deux être d'accord...
Non, non, c'est une guerre à mort!

SCÈNE VII.

Les mêmes; SIDLER et les jeunes gens.

SIDLER.

A merveille, voici que vous vous entendez!

MALZEN.

Joliment!

SIDLER.

Est-ce qu'elle tient toujours à ses idées matrimoniales?

MALZEN.

Plus que jamais.

SIDLER.

Allons, mon cher, il faut se résigner. Je sors du salon, où la mariée vient d'arriver; vrai, elle n'est pas mal, et, si tu n'y étais pas obligé, je t'en ferais mon compliment.

MALZEN.

Je n'y tiens pas.

SIDLER.

Mais console-toi, nous sommes là, nous ne sommes pas tes amis pour rien.

MALZEN.

Vous en êtes bien les maîtres. Le ciel m'est témoin que je ne vous empêche pas de m'enlever ma femme.

Mme BARNECK.

Quelle indignité!

MALZEN.

Mais je ne vous le conseille pas, car madame vous ferait un procès en dommages et intérêts.

SIDLER, riant.

Pas possible!

MALZEN.

Et comme aujourd'hui même nous sommes séparés, elle peut vous faire condamner dès demain à épouser en secondes noces.

Mme BARNECK, prête à s'emporter.

Monsieur! (Se retenant.) Mais, vous avez beau faire, vous ne me mettrez pas en colère. Je suis trop heureuse, car vous nous épouserez; oui, vous nous épouserez...

SIDLER.

Voilà bien la femme la plus entêtée...

MALZEN, à part.

Dieu! si ce n'était pas ma tante, si c'était seulement mon oncle, comme je l'aurais déjà fait sauter par la fenêtre! Qui vient là?

SCÈNE VIII.

Les mêmes; FRITZ.

FRITZ.

Madame, c'est un courrier à la livrée du prince, qui arrive en toute hâte de la part du grand-duc.

MALZEN, à Sidler.

Quel espoir!

Mme BARNECK, étonnée.

Qu'est-ce que cela veut dire?

FRITZ.

Il apporte deux lettres de Son Altesse; l'une est pour monsieur Salsbach, qui doit être ici...

Mme BARNECK.

C'est bien. Je me doute de ce que c'est, je la lui remettrai.

FRITZ.
L'autre est adressée à monsieur le baron de Malzen.

MALZEN.
Donne vite. Eh bien ! est-ce que tu n'oses avancer?

FRITZ.
C'est que je vous vois la même cravache que ce matin.

MALZEN, prenant vivement la lettre.
Eh! donne donc... Dieu soit loué! c'est la lettre que j'attendais; et je triomphe enfin.

Mme BARNECK.
Que dit-il?

MALZEN, vivement, et avec joie.
Oui, madame, j'avais écrit au prince, et lui rappelant les services de mon père et les miens, je l'avais supplié de refuser son consentement à ce mariage.

Mme BARNECK.
Vous auriez osé?

MALZEN.
Vous m'aviez fait condamner, je me suis pourvu en grâce.

Mme BARNECK.
Si un souverain osait commettre une pareille injustice...

MALZEN, qui tout en parlant a décacheté la lettre, vient de jeter les yeux dessus, et fait un mouvement de douleur.
O ciel!

TOUS.
Qu'est-ce donc?

MALZEN, lisant d'une voix émue.
« Mon cher Malzen, — Il y a un pouvoir au-dessus du « mien : c'est celui des lois. Elles ont prononcé ; je dois me « taire, et donner le premier à mes sujets l'exemple du res- « pect qu'on doit à la justice. Votre affectionné maître. » (Froissant la lettre avec dépit.) Quelle indignité!

SIDLER.

Quel absolutisme!

Mme BARNECK.

Ah! le bon prince! le grand prince! le magnanime souverain! Dès demain, j'irai me jeter à ses pieds; mais aujourd'hui, nous devons avant tout songer au mariage; car l'heure est près de sonner. (A Malzen.) Rassurez-vous, monsieur le baron, on vous laissera un instant pour votre toilette; car je conçois que ce costume...

MALZEN.

Ce costume, madame, je le trouve fort bon, et je n'en changerai rien, absolument rien.

Mme BARNECK.

A la bonne heure! (A part.) Encore un affront qu'il veut nous faire; mais c'est égal, on enrage en frac aussi bien qu'en grand uniforme, et voilà ma vengeance qui arrive, voilà la mariée.

SCÈNE IX.

Les mêmes; Gens de la noce, SALSBACH, donnant la main à LOUISE, qui est habillée en mariée. Toute la noce sort de l'appartement de madame Barneck.

AIR : Enfin il revoit ce séjour. (*Malvina*.)

LE CHOEUR.

Enfin voici l'heureux moment
 Qui tous deux les engage;
Pour son mari quel sort charmant!
 Qu'il doit être content

SALSBACH, bas à Louise.

Eh! mais pourquoi donc cet effroi?
 Un peu plus de courage.
   (Il passe à la droite de madame Barneck.)

Mme BARNECK, à Louise.

Allons, mon enfant, calme-toi,
N'es-tu pas près de moi?

LE CHŒUR.

Enfin, voici l'heureux moment, etc.

SALSBACH, bas à madame Barneck.

Ce n'est pas sans peine que je l'ai décidée; mais enfin, grâce à mon éloquence...

Mme BARNECK.

C'est bien. (A Louise.) Ne t'avise pas de pleurer; tu le rendrais trop heureux.

SIDLER, de l'autre côté du théâtre, bas à Malzen.

Quand je te disais qu'elle n'était pas mal, surtout ainsi, les yeux baissés...

MALZEN, la regardant avec dépit.

Laisse-moi donc tranquille! un petit air hypocrite!

Mme BARNECK.

Partons, l'on nous attend dans la chapelle. (Bas à Salsbach.) Ayez soin, aussitôt après le mariage, de dresser l'acte de la séparation; c'est vous que j'en charge.

SALSBACH.

Soyez tranquille.

Mme BARNECK.

Et puis j'oubliais, une lettre qui vient d'arriver pour vous, de la part du grand-duc.

SALSBACH.

Il serait possible! une place de conseiller, mes lettres de noblesse!

TOUS.

Partons, partons.

SIDLER, à Salsbach.

Monsieur l'ami de la famille ne vient pas?

SALSBACH, tenant sa lettre.

Non, je reste.

MALZEN.

Je conçois, quand on n'y est pas condamné...

Mme BARNECK, à Louise.

Allons, madame la baronne.

LE CHŒUR.

Enfin voici l'heureux moment, etc.

(Malzen engage Sidler à donner la main à Louise. Dépit de madame Barneck en voyant sa nièce conduite par Sidler; Malzen offre la main à madame Barneck. Ils sortent tous par le fond.)

SCÈNE X.

SALSBACH, seul.

Il me tardait qu'ils s'éloignassent ; car, devant tout ce monde, je n'aurais pas pu être heureux à mon aise. Le cœur me bat en pensant que j'ai là dans ma main mes lettres de noblesse. Qui seraient bien étonnés, s'ils le savaient ? ce sont ces jeunes freluquets de ce matin, ce baron de Malzen, et surtout mon père, le maître d'école, s'il revenait au monde. Le cachet est rompu... c'est sans doute de la chancellerie. Non, de la main même du prince. Des lettres closes, quel honneur! Lisons. « Monsieur, le baron de Malzen « a imploré ma protection contre la famille Barneck, dont « vous êtes l'ami et le conseil. J'ai dû respecter la justice « en refusant mon intervention... je vois d'ailleurs avec « plaisir, dans mes États, les alliances de familles riches « et des familles nobles. J'entends donc que ce mariage, de-« venu nécessaire, ait lieu aujourd'hui même... » (S'interrompant.) C'est aussi notre intention, et Son Altesse sera satisfaite, car, dans ce moment, sans doute, bon gré, mal gré, les époux sont bénis. (Continuant.) « Mais je sais que, dans

« ce cas-là, la loi autorise quelquefois une séparation, à la-
« quelle Malzen est décidé à avoir recours... » (S'interrompant.)
Il n'est pas le seul, sa femme aussi. (Continuant.) « Il y a eu
« déjà trop de scandale dans cette affaire; cette séparation
« en serait un nouveau que je veux empêcher; et pour cela,
« je compte sur vous... » Sur moi! (Continuant.) « Je suis telle-
« ment persuadé que votre intervention et vos soins conci-
« liateurs amèneront cet heureux résultat, que j'ai différé
« jusque-là de vous accorder ce que vous sollicitez... » Ah!
mon Dieu! (Continuant.) « Mais, au premier enfant qui naîtra
« du mariage contracté aujourd'hui, je vous promets cette
« grâce que vous méritez, du reste, à tant de titres, etc. »
Qu'est-ce que je viens de lire! et de quelle mission le prince
s'avise-t-il de me charger!

AIR : J'en guette un petit de mon âge. (Les Scythes et les Amazones.)

> Y pense-t-il? quelle folie!
> Moi qui dois l'exemple au Palais,
> Il veut que je les concilie,
> Et que j'accommode un procès!
> Cet usage n'est pas des nôtres;
> Mais il l'exige... par égard,
> Arrangeons-le... quitte plus tard
> A se rattraper sur les autres!

D'ailleurs, mes lettres de noblesse en dépendent. Mais
comment désarmer la tante, la plus obstinée des femmes!
et rapprocher des jeunes gens qui s'abhorrent, qui se détes-
tent? Un enfant! Eh! mais il y en a un. (Relisant la lettre.)
« Qui naîtra du mariage contracté aujourd'hui. » C'est
clair : celui qui a précédé ne compte pas. Eh! mais je les entends. C'est toute la noce qui vient.

SCÈNE XI.

SALSBACH, LOUISE, Mme BARNECK, MALZEN, SIDLER, FRITZ, Paysans, Gardes-chasse, Gens de la noce.

(En rentrant, Malzen donne la main à Louise; mais aussitôt madame Barneck les sépare et se met entre eux.)

FINALE.

AIR : Fragment du premier finale de *la Fiancée*.

LE CHŒUR.

Ils sont unis. Ah! quelle ivresse!
Quel doux moment! quel jour heureux!
Qu'à les fêter chacun s'empresse;
Pour leur bonheur formons des vœux.

Mme BARNECK, radieuse, et bas à Salsbach.

Je triomphe!

MALZEN, avec embarras.

A l'arrêt j'ai souscrit, madame,
Et votre nièce est donc ma femme...

SALSBACH, le regardant.

Pauvre garçon!

MALZEN.
   Mais du bienfait
Dont vous avez flatté mon âme
J'ose espérer l'heureux effet;
Pour nous séparer l'acte est prêt?

Mme BARNECK, vivement.

Moi-même aussi je le réclame.

SALSBACH, à part, parlé.

Ah! diable!

(Haut, continuant l'air.)

Comme ils y vont! Mais un moment.

Mme BARNECK.

On peut signer...

MALZEN.

Dès ce soir.

Mme BARNECK.

A l'instant.

SALSBACH, passant entre Malzen et madame Barneck.

Non pas, non pas, la loi est formelle ; elle ordonne qu'avant la séparation les époux restent au moins vingt-quatre heures ensemble, et sous le même toit.

MALZEN.

C'est trop fort !

Mme BARNECK.

Non, jamais !

SALSBACH.

Aimez-vous mieux que le mariage soit bon et inattaquable ?

MALZEN et Mme BARNECK.

Ce serait encore pire.

Ensemble.

MALZEN, à part.

L'aventure est cruelle,
Quoi ! j'aurais la douleur
D'habiter près de celle
Qui cause mon malheur !

LE CHOEUR.

L'aventure est nouvelle.
Un autre, plein d'ardeur,
Dans cette loi cruelle
Trouverait le bonheur.

Mme BARNECK, à part.

L'aventure est cruelle.
Quoi ! j'aurais la douleur

De le voir près de celle
Dont il fit le malheur !

SALSBACH, à part.

L'aventure est nouvelle.
J'espère au fond du cœur
Que cette loi formelle
Sauvera mon honneur.

MALZEN, avec effort.

Jusqu'à demain, puisqu'il nous faut attendre,
Soumettons-nous.

SALSBACH, souriant.

C'est le plus court parti.

MALZEN.

Mais la justice, en m'ordonnant ainsi,
Malgré moi, de rester ici,
A rien de plus ne peut prétendre.

Mme BARNECK, montrant l'appartement à gauche.

Dans notre appartement, ma nièce, il faut nous rendre.

MALZEN, montrant celui qui est à droite.

Je pense que le mien est de ce côté-là ?

Mme BARNECK, vivement.

Oui, dans l'aile du nord.

SALSBACH, à part.

Le plus froid, c'est cela.
L'un ici, l'autre là !

Ensemble.

SALSBACH à part.

Quel doux accord ! quel bon ménage !
Comment, hélas ! les réunir ?
Ah ! c'en est fait, je perds courage,
Et comme lui, je vais dormir.

Mme BARNECK, à part.

Par cet affront, par cet outrage,

Il croit peut-être nous punir ;
Mais au fond du cœur il enrage,
Et cela double mon plaisir.

MALZEN, à part.

Allons, allons, prenons courage,
Mon supplice est près de finir ;
Et de cet indigne esclavage
Je saurai bientôt m'affranchir.

LE CHŒUR.

Ah ! quel affront ! ah ! quel outrage !
Nous qui comptions nous réjouir,
Nous inviter au mariage
Pour nous envoyer tous dormir !

(Madame Barneck emmène Louise dans son appartement. Malzen, Sidler et les jeunes gens sortent du côté opposé. Le reste de la noce sort par le fond.)

ACTE DEUXIÈME

L'appartement de Louise. Au fond, une alcôve. Deux portes latérales : celle de droite conduit à l'appartement de madame Barneck ; celle de gauche est la porte d'entrée. Au fond, deux croisées avec balcon extérieur. Auprès de la porte, à droite et sur le devant, une table de toilette. Deux flambeaux allumés.

SCÈNE PREMIÈRE.

LOUISE, en négligé du matin, assise auprès de la toilette, et la tête appuyée sur sa main ; SALSBACH, entr'ouvrant la porte à gauche.

SALSBACH.

Peut-on entrer chez la mariée ? (Louise ne l'entend pas ; il entre, et venant auprès d'elle, il répète encore.) Peut-on entrer chez la mariée ?

LOUISE, se levant.
Ah ! c'est vous, monsieur Salsbach.

SALSBACH.
Pardon de me présenter ainsi. Vous n'avez paru ni au déjeuner, ni au dîner ; et j'étais impatient de savoir des nouvelles de *madame la baronne*, car vous voilà baronne maintenant ; et la chère tante a beau dire, c'est un titre assez agréable.

LOUISE.
Que l'on ne me donnera plus dès ce soir, je l'espère.

SALSBACH.

Pourquoi donc? c'est indélébile, impérissable; quand on a été baronne, ne fût-ce qu'un quart d'heure, il n'y a plus de raison pour que ça finisse.

LOUISE.

Peu m'importe, je n'y tiens pas, pourvu que la séparation soit prononcée aujourd'hui même.

SALSBACH, à part.

Nous y voilà.

AIR de Une heure de mariage.

A se rapprocher tous les deux
Comment pourrai-je les contraindre?

LOUISE, l'observant.

Mais vous paraissez soucieux.
Avons-nous quelque obstacle à craindre?

SALSBACH.

Non, non, madame.
   (A part.)
  Aucun encor!
(Haut.)
Vous êtes, sans qu'on vous y force,
Tous deux parfaitement d'accord;
C'est ce qu'il faut pour un divorce.

Vous ne l'avez pas vu depuis hier soir?

LOUISE.

Non, sans doute.

SALSBACH, à part.

Ni moi non plus. (Haut.) Je viens de le rencontrer tout à l'heure; il paraît qu'il voudrait vous parler.

LOUISE, effrayée.

A moi!

SALSBACH.

Oui, il m'a chargé de vous demander un moment d'entretien. (A part.) Il se pendrait plutôt que d'y songer.

LOUISE.

Que me dites-vous là? Ah! mon Dieu! cette idée me rend toute tremblante.

SALSBACH.

Eh bien, eh bien, pourquoi donc? est-ce que je ne suis pas là? Certainement, je ne vous conseillerai jamais d'aimer votre mari, le ciel m'en préserve! mais cela n'empêche pas de l'écouter ; si ce n'est pas pour vous, c'est peut-être pour d'autres, pour le monde, pour l'honneur de la famille.

LOUISE, avec calme et résolution.

Monsieur Salsbach, je n'ai pas votre expérience : je connais peu ce monde dont vous me parlez, et qui m'a punie autrefois de la faute d'un autre. On m'a dit que, pour le satisfaire, il fallait un mariage, une réparation ; et quoique j'eusse de la peine à comprendre qu'il fût au pouvoir de quelqu'un que je n'estime pas de me rendre l'honneur, quand c'était lui qui s'était déshonoré, j'ai obéi, j'ai consenti à ce mariage, à condition qu'il serait rompu sur-le-champ ; et maintenant, c'est moi qui crois de ma dignité, de mon honneur, de réclamer cette séparation. Ma tante m'a fait demander pour ce sujet. Monsieur Salsbach, souffrez que je passe chez elle.

(Elle salue et sort.)

SCÈNE II.

SALSBACH, seul.

Et elle aussi, qui s'avise maintenant de montrer du caractère! Elle, autrefois si bonne, si douce, si patiente! Comme le mariage change une jeune personne! Le mari à gauche, la femme à droite ; joli début pour mes lettres de noblesse ! ces gens-là, cependant, étaient faits l'un pour l'autre : même fierté, même obstination ; et je suis sûr qu'ils s'aimeraient beaucoup, s'ils ne se détestaient pas ! Voyons, voyons : peut-être qu'en embrouillant l'affaire... ça m'a réussi quelquefois, et... Chut ! voici le mari ; est-ce qu'il aurait changé d'idée ?

SCÈNE III.

SALSBACH, MALZEN, introduit par FRITZ.

MALZEN.
C'est vous que je cherchais, monsieur.

SALSBACH, d'un air riant.
Qu'est-ce qu'il y a, mon cher monsieur ? quelque chose de pressé, à ce qu'il paraît ; car pour venir jusque dans la chambre de la mariée...

MALZEN.
Ah ! c'est... pardon ; si je l'avais su...

SALSBACH, souriant.
Pourquoi donc ? vous avez bien le droit d'y entrer.

MALZEN.
Je n'y resterai pas longtemps ; les vingt-quatre heures sont expirées, nous n'avons plus qu'à signer l'acte de séparation. Ainsi, terminons, je vous prie ; j'ai fait seller mon cheval et je veux partir avant la nuit.

SALSBACH, à part.
Quand je disais qu'il y avait sympathie... (Regardant à sa montre. Haut.) Permettez, monsieur, permettez, il s'en faut encore de trois quarts d'heure.

MALZEN, impatienté.
Ah ! monsieur !...

SALSBACH.

Non pas que nous tenions... Mais il faut au moins le temps de dresser l'acte, de le rédiger.

MALZEN, montrant un papier.

C'est inutile, le voici.

SALSBACH.

Déjà ! très-bien, monsieur.

(Il sonne.)

MALZEN.

Que faites-vous? vous ne lisez pas?

SALSBACH.

Mon devoir est de le soumettre d'abord à la tante de madame la baronne. (A Fritz qui paraît.) Portez cela à votre maîtresse. (Fritz reçoit le papier, et entre chez madame Barneck.) Et maintenant que tout est fini, jeune homme, je ne vois pas pourquoi vous refusez l'entrevue que madame de Malzen vous a fait demander.

MALZEN.

Madame de Malzen?

SALSBACH.

Oui, avant de partir, votre femme veut vous parler; on vous l'a dit?

MALZEN.

Du tout.

SALSBACH.

Eh bien! je vous l'apprends. (A part.) Qu'est-ce que je risque? ça ne peut pas aller plus mal.

MALZEN.

Me parler! et de quoi?

SALSBACH.

Mais de vos intérêts communs.

MALZEN, vivement.

Nous n'en aurons jamais.

SALSBACH.

De votre fils peut-être; car vous n'avez pas oublié, monsieur, que vous avez un enfant. (Avec sensibilité.) Un enfant ! savez-vous bien, jeune homme, tout ce que ce mot renferme de sacré, de touchant, quels devoirs il impose?...

MALZEN.

Je vous dispense...

SALSBACH.

Et quel bonheur il promettrait à votre vieillesse, surtout si vous en aviez plusieurs, beaucoup même? Le ciel protège les familles nombreuses.

MALZEN, avec impatience.

Il suffit. J'ai pourvu au sort de mon fils, autant qu'il était en moi; ainsi, cette entrevue est inutile.

SALSBACH, vivement.

Pardonnez-moi, elle est indispensable.

MALZEN.

Monsieur...

SALSBACH.

Et vous êtes trop galant homme...

MALZEN, avec colère.

Eh ! morbleu !

SALSBACH.

Justement voici madame la baronne.

MALZEN, s'arrêtant.

Dieu !

SCÈNE IV.

Les mêmes; LOUISE.

LOUISE, apercevant le baron.

Que vois-je ?

SALSBACH, à part.

C'est le ciel qui l'envoie.

MALZEN, à part.

Je suis pris! c'était arrangé entre eux.

LOUISE, bas à Salsbach, d'un ton de reproche.

Ah! monsieur Salsbach!

SALSBACH, bas.

Ce n'est pas ma faute, madame la baronne; j'ai voulu le renvoyer, mais il a tant insisté... Vous aurez plus tôt fait de l'écouter.

LOUISE, de même.

Eh! mon Dieu!... et savez-vous ce qu'il me veut?

SALSBACH, de même.

Non, madame la baronne. (A part.) Il serait bien embarrassé lui-même... (Allant à Malzen qui est de l'autre côté.) Je n'ai pas besoin, monsieur, de vous engager à la modération, au calme. (Bas à Louise.) Du courage, madame! (A Malzen.) Je vous laisse. (A part, et s'essuyant le front.) Dieu! se donner tant de mal, et pour les enfants des autres! Ils finiront peut-être par s'entendre.

(Il se retire à pas de loup et entre chez madame Barneck.)

SCÈNE V.

LOUISE, MALZEN.

MALZEN, à part.

Voilà bien la plus sotte aventure!... Que peut-elle me vouloir?

LOUISE, à part.

Qu'a-t-il à me dire?

MALZEN, de même.

N'importe, il faut l'entendre.

LOUISE, de même.

Puisqu'on le veut, écoutons-le.

(Moment de silence.)

MALZEN, de même.

Elle a bien de la peine á se décider.

LOUISE, de même.

Comme il se consulte!

MALZEN, de même.

Allons, il faut être généreux, et venir à son secours. (Haut.) Eh bien! madame, vous avez désiré me parler?

LOUISE, étonnée.

Comment! monsieur, il me semble que c'est vous.

MALZEN.

Moi! je n'y pensais pas.

LOUISE, blessée.

Ah! monsieur, ce dernier trait manquait à tous les autres.

MALZEN.

Que voulez-vous dire?

LOUISE, se contraignant.

Rien, monsieur; j'y suis habituée, je ne vous fais aucun

reproche. Tout ce que j'ai éprouvé depuis trois ans, tout ce que j'ai souffert par vous ne me donnait aucun droit à votre affection, je le sais ; mais peut-être m'en donnait-il à vos égards.

MALZEN.

Madame...

LOUISE.

AIR : Pour le trouver, j'arrive en Allemagne. (Yelva.)

Je sais pour moi votre haine profonde,
　Mais un seul point me rassurait ;
J'ai toujours vu jusqu'ici dans le monde
Que de respects chacun nous entourait.
　Ce n'est pas moi plus que tout autre...
Mais, des égards... je croyais, entre nous,
　Qu'une femme, fût-ce la vôtre,
　Devait en attendre de vous.

MALZEN, embarrassé.

Je vous jure, madame, que je n'ai jamais eu l'intention de rendre notre position plus pénible ; elle l'est déjà bien assez. J'ai cru... on m'avait dit... on m'a trompé, je le vois... et si quelque chose dans mes paroles a pu vous offenser, il faut me le pardonner. (D'une voix émue.) Je suis si malheureux !

LOUISE, baissant les yeux.

Du moins vous ne l'êtes pas par moi. (Malzen la regarde et baisse les yeux à son tour.) Si l'on m'avait écoutée, croyez, monsieur, que ce procès n'aurait jamais eu lieu ! Le bruit et l'éclat ne vont pas à une femme, même quand elle a raison ! ce qu'elle peut y gagner ne vaut pas ce qu'elle y perd ! Mais je n'étais pas la maîtresse ; tout ce que j'ai pu faire, c'est que votre sort ne fût pas enchaîné pour longtemps ; et, grâce à moi, vous allez être libre.

MALZEN, interdit.

Madame, je dois à mon tour me justifier sur des procédés...

LOUISE.

C'est inutile : puissiez-vous les oublier, monsieur, comme moi-même je les oublie!

MALZEN, confondu, à part, avec dépit.

Eh bien ! j'aimerais mieux la tante et ses emportements que cet air de résignation qui vous met encore plus dans votre tort. (Haut.) Permettez-moi seulement, madame, de vous expliquer...

LOUISE, avec émotion.

Oh! non, non, point d'explication, je vous en conjure; je vous prie seulement d'avoir pitié de moi, de vouloir bien abréger cette entrevue, et s'il est vrai, comme on me l'a assuré, que vous ayez quelque chose à me demander...

MALZEN.

Oui, oui, madame; avant de m'éloigner, me sera-t-il permis de voir mon fils?

LOUISE.

Je vais donner des ordres, vous le verrez.

MALZEN, troublé.

Un mot encore : je ne sais comment vous exprimer... je vois que je suis plus coupable que je ne pensais... et j'ai regret maintenant d'avoir envoyé à madame votre tante, avant de vous l'avoir soumis, cet acte qui doit fixer...

LOUISE.

J'étais près d'elle quand on l'a apporté. Je l'ai lu, monsieur.

MALZEN, vivement.

Vous l'avez lu? je vous demande pardon d'avance pour quelques expressions..... je l'ai fait dans un premier moment, et vous avez dû être choquée...

LOUISE.

Non; mais j'y ai trouvé des choses qui m'ont paru peu convenables, et que je me suis permis de changer.

MALZEN.

AIR : Soldat français, né d'obscurs laboureurs.

Sans les connaître à l'instant j'y souscris :
Quoi qu'on ait fait, je l'approuve d'avance.
    (A part.)
Car avec elle, et plus j'y réfléchis,
Je suis honteux de mon impertinence.
    (Haut.)
Oui, j'en conviens, injuste en mes dédains,
    Depuis qu'un fatal mariage
    A dû réunir nos destins,
J'eus tous les torts...

LOUISE, avec douceur.

            Et moi tous les chagrins,
    Et je préfère mon partage.

MALZEN.

Ah! madame, s'il dépendait de moi...

LOUISE, l'interrompant.

C'est bien, monsieur; j'aperçois votre ami, qui, sans doute, vous rapporte cet écrit.

SCÈNE VI.

LES MÊMES; SIDLER, entrant par la gauche.

SIDLER, sans voir Louise.

Victoire! mon cher baron; voici l'acte bienfaisant...

MALZEN, bas, et lui serrant la main.

Veux-tu te taire!

SIDLER, voyant Louise.

Oh! mille pardons, madame. Je veux dire que... voici l'acte douloureux qu'on a cru nécessaire...

LOUISE.

Je vous laisse.

        (Elle fait un pas pour sortir.)

SIDLER, l'arrêtant.

Pourquoi donc ? puisque vous voilà réunis, nous pouvons toujours signer.

MALZEN, regardant l'acte.

Oui ; mais je dois d'abord effacer quelques mots. Que vois-je ? c'est de votre main, madame ?...

LOUISE, avec embarras.

Oui, monsieur.

MALZEN, qui a commencé à lire l'acte.

O ciel ! quoique séparés, vous voulez que la communauté de biens continue ?

SIDLER.

Est-il possible ?

LOUISE, lui faisant signe de continuer.

Lisez, monsieur ; vous verrez que vous ne me devez aucun remerciement ; je n'ai rien fait pour vous.

MALZEN, continuant.

« Cette donation, que ma tante approuvera, j'espère, je
« la fais, non pour un homme que je n'aime (Hésitant.) ni
« n'estime, mais pour mon fils seul ! Je ne veux pas que
« celui dont il porte le nom se trouve dans une position
« indigne de son rang et de sa naissance. Je ne veux pas
« que mon fils puisse me reprocher un jour d'avoir permis
« que son père connût la gêne et le malheur. »

SIDLER.

Par exemple, voilà une générosité...

MALZEN.

Dites un affront ; non, je n'accepte point, je n'accepterai jamais. Et quelques torts que j'aie eus, madame, je ne mérite pas cet excès d'humiliation, et je vous demande en grâce de m'écouter.

SCÈNE VII.

Les mêmes; Mme BARNECK, donnant la main à SALSBACH.

Mme BARNECK, qui a entendu les derniers mots.

Il n'est plus temps, monsieur ; l'heure a sonné.

MALZEN.

Comment !

Mme BARNECK.

Dieu merci, ma nièce est libre, et vous pouvez vous éloigner.

MALZEN.

Pas encore, madame.

Mme BARNECK.

Qu'est-ce à dire, monsieur ? quand tout est convenu, arrêté ; quand la séparation est prononcée ?

MALZEN, vivement.

Elle ne l'est pas encore, madame; votre nièce n'a pas signé.

Mme BARNECK, prenant l'acte.

Ce sera fait dans l'instant, monsieur. Allons, Louise.

(Elle lui donne la plume.)

SIDLER.

Permettez...

SALSBACH.

Un moment.

MALZEN, à Louise.

Madame, je vous en conjure, au nom du ciel, ne signez pas avant de m'avoir entendu ; je puis me justifier, et...

(Louise signe.)

SALSBACH.

Elle a signé.

MALZEN, accablé.

Ah !

Mme BARNECK, présentant la plume à Malzen.

A votre tour, monsieur.

MALZEN, prend la plume, garde le silence un instant, puis la jetant avec vivacité, il s'écrie.

Non, madame !

Mme BARNECK.

Comment ?

MALZEN.

Je ne signerai pas.

SIDLER.

Qu'est-ce que tu dis donc ?

SALSBACH, à part.

Très-bien.

MALZEN.

Non, je ne signerai pas un acte qui me déshonore. Il suffit de lire la clause que votre nièce a ajoutée.

Mme BARNECK.

Je ne la connais pas, monsieur, et je l'approuve d'avance ; la baronne de Malzen ne peut rien vouloir que de juste, d'honorable. Ainsi, terminons ce débat, et signez sur-le-champ.

MALZEN, hors de lui.

Non, vous dis-je ; mille fois non !

Mme BARNECK.

On vous y forcera, monsieur.

MALZEN.

C'est ce que nous verrons.

Mme BARNECK.

AIR du vaudeville de *Turenne*.

Les tribunaux décideront l'affaire.

MALZEN.
Vous le voulez? Eh bien! soit, j'y consens.
Mme BARNECK.
Nous plaiderons.
SALSBACH.
C'est là ce qu'il faut faire.
TOUS.
Nous plaiderons !
SALSBACH, à part.
Quel bonheur je ressens !
(Haut.)
Un bon procès !
(A part.)
En voilà pour longtemps.
SIDLER.
C'est son mari !
Mme BARNECH.
Non pas !
SALSBACH.
La cause est neuve !
Avant qu'un arrêt solennel
Ait décidé ce qu'il est, grâce au ciel !
Elle aura le temps d'être veuve.
LOUISE, tremblante.
Ma tante, je vous en supplie...
Mme BARNECK, en colère.
C'est qu'on n'a jamais vu un pareil caractère! il a fallu un jugement pour le marier, il en faut un pour le séparer, il en faudrait peut-être... Nous l'obtiendrons, monsieur, nous l'obtiendrons; et dès demain, je présenterai requête. (A Salsbach.) Monsieur Salsbach!
SALSBACH, passant auprès de madame Barneck.
Je suis prêt, madame; mais il y aurait peut-être moyen d'arranger à l'amiable...

Mme BARNECK.

Du tout, je veux plaider ; (A Malzen.) et en attendant, j'espère, monsieur, que vous allez vous retirer. Il est nuit, votre cheval est sellé depuis longtemps.

MALZEN.

Il attendra ; car je ne partirai pas sans avoir parlé à ma femme.

Mme BARNECK.

A votre femme !

SALSBACH.

Votre femme, provisoirement, c'est vrai ; mais on verra.

MALZEN.

Tant que durera le procès, vous ne pouvez pas empêcher que je ne sois son mari ; et j'ai bien le droit...

Mme BARNECK.

Vous n'en avez aucun.

MALZEN.

Je lui parlerai.

Mme BARNECK.

Malgré moi ?

MALZEN.

Malgré tout le monde. (Avec force.) Je suis ici chez elle, chez moi, dans la chambre de ma femme ; et nul pouvoir ne m'en fera sortir.

(Il s'assied sur une chaise à gauche.)

Mme BARNECK, s'approchant de Louise, qui a l'air de se trouver mal.

Qu'as-tu donc, Louise ?

AIR : Sortez, sortez. (*La Fiancée.*)

O ciel ! la pauvre enfant ! la force l'abandonne.

MALZEN, courant à elle.

Malheureux que je suis !

####### Mme BARNECK.

Sortez, je vous l'ordonne !
Monsieur, voulez-vous dans ces lieux
La voir expirer à vos yeux !

####### *Ensemble.*

####### Mme BARNECK.

Sortez, ou bien j'appellerai :
Il sortira, je l'ai juré !

####### SALSBACH, à Malzen.

Sortez, mon cher, je vous suivrai ;
Faites les choses de bon gré.

####### SIDLER.

Sortons, mon cher, et de bon gré,
C'est moi qui vous consolerai.

####### MALZEN.

Puisqu'il le faut, j'obéirai,
Mais dans ces lieux je reviendrai.

(Salsbach et Sidler emmènent Malzen. Ils sortent par la porte à gauche.)

SCÈNE VIII.

LOUISE, Mme BARNECK.

####### Mme BARNECK.

Je reviendrai ! Qu'il en ait l'audace !

####### LOUISE.

Comment ? ma tante, est-ce que vous croyez ?...

####### Mme BARNECK.

Pure bravade ! Mais n'importe, je vais donner des ordres pour que l'on veille toute la nuit.

####### LOUISE, tombant dans un fauteuil.

Ah ! ma tante, quelle scène !

Mme BARNECK.

Pauvre petite! j'espère que je me suis bien montrée. C'est d'autant mieux à moi, que je ne savais pas trop de quoi il était question, ni le motif de sa résistance.

LOUISE.

Je vous l'expliquerai; je dois convenir que c'est d'un honnête homme.

Mme BARNECK.

Hum! ce n'est pas cela, et j'ai bien une autre idée.

LOUISE.

Quoi donc, ma tante?

Mme BARNECK.

Une idée qui m'est venue comme un coup de foudre, et qui rendrait notre vengeance complète. As-tu remarqué son trouble, son agitation? S'il s'avisait de t'aimer réellement?

LOUISE, troublée.

Lui!

Mme BARNECK.

Je donnerais tout au monde pour que ce fût vrai; quel bonheur de le désoler!

LOUISE.

Je n'y tiens pas.

Mme BARNECK.

Et tu as tort. Dieu! si c'était de moi qu'il fût amoureux!... Adieu, mon enfant, adieu; ne t'inquiète pas, ne te tourmente pas, je me charge du procès, de la séparation; toi, songe seulement qu'il est parti désolé, désespéré. Ah! qu'il est doux de se venger, et quelle bonne nuit je vais passer!

(Elle embrasse Louise, et rentre chez elle.)

SCÈNE IX.

LOUISE, seule.

En vérité, ma tante a des idées que je ne conçois pas. (Elle s'assied.) Et ce qu'elle disait tout à l'heure... cette émotion... c'est singulier, je l'avais remarquée aussi ; mais s'il était vrai !... ce serait une raison de plus pour hâter cette séparation. Oui, mon indifférence pour lui est dans ce moment la seule vengeance qui me soit possible. (On frappe doucement à la porte à gauche.) On a frappé à ma porte. (Elle se lève.) Qui peut venir au milieu de la nuit? (On frappe un peu plus fort.) Impossible de ne pas répondre. (D'une voix émue.) Qui est là?

SALSBACH, en dehors.
Moi, madame la baronne.

LOUISE.
C'est la voix de Salsbach ! que veut-il?

SALSBABH, à voix basse.
Si vous n'êtes pas couchée, j'ai un mot à vous dire, c'est très-pressé.

LOUISE, allant ouvrir.
Ah ! mon Dieu ! il va réveiller ma tante. Mais taisez-vous donc, monsieur Salsbach, vous faites un tapage...

(Elle lui ouvre.)

SCÈNE X.

SALSBACH, LOUISE.

SALSBACH, entrant.
Pardon, je craignais que vous ne fussiez endormie.

LOUISE.

Qu'y a-t-il donc?

SALSBACH, regardant dans l'appartement.

Madame Barneck est rentrée dans son appartement, tant mieux!

LOUISE.

Mais pourquoi donc ces précautions? qu'avez-vous à me dire?

SALSBACH.

Une chose fort délicate. Monsieur de Malzen...

LOUISE.

Eh bien?

SALSBACH.

Vous saurez que je l'avais emmené et reconduit jusqu'à la grande porte, qui s'est refermée sur lui.

LOUISE.

Grâce au ciel, le voilà donc sorti!

SALSBACH.

Pas encore.

LOUISE.

Que dites-vous?

SALSBACH.

Je viens de le retrouver dans le parc, dont probablement il avait franchi les murs, au risque de se casser le cou. Il voulait rester, j'ai répondu, il a répliqué. Je suis avocat; mais il est amoureux : il crie encore plus fort que moi, et comme on pouvait nous entendre, j'ai transigé. Il consentait à s'éloigner, à condition que je me chargerais pour vous d'une lettre qu'il allait écrire.

LOUISE.

J'aurais refusé.

SALSBACH.

Vous aimez donc mieux qu'il passe la nuit dans le parc, sous vos fenêtres? car il y est dans ce moment.

LOUISE.

Monsieur de Malzen!

SALSBACH.

Exposé aux coups des gardes-chasse, qui, la nuit, peuvent le prendre pour un malfaiteur, et tirer sur lui.

LOUISE.

O ciel! il valait mieux prendre la lettre.

SALSBACH.

C'est ce que j'ai fait.

AIR de *Marianne* (DALAYRAC.)

C'était un parti des plus sages.
Je l'ai vu tracer au crayon
Ce petit mot de quatre pages
Que je vous apporte.

LOUISE, le prenant.
C'est bon.

SALSBACH, la suivant des yeux, à part.
On la reçoit!
C'est fort adroit;
Par ce moyen
Mes affaires vont bien.

(Louise, sans lire la lettre, la déchire et jette les morceaux à terre.)
Ciel! sans la lire,
On la déchire!
O sort fatal!
Mes affaires vont mal!

LOUISE.

Qu'avez-vous? quel effroi vous presse?

SALSBACH.

Moi? rien.

(A part.)
Hélas! dans ce billet,
Il m'a semblé qu'on déchirait
Mes lettres de noblesse.
(Haut).
Quoi! madame, voilà le cas que vous en faites?

LOUISE.

Oui, monsieur.

SALSBACH.

Mais cependant, madame...

LOUISE, sèchement.

Pas un mot de plus. Et maintenant qu'il s'éloigne à l'instant!

SALSBACH.

Je m'en vais lui dire de s'en aller. Pourvu qu'il opère sa retraite sans accident. (Il passe à la gauche, Louise va auprès de la toilette ; elle fait un mouvement. Il s'arrête.) Vous dites...

LOUISE.

Monsieur?

SALSBACH.

J'ai cru que vous me parliez. Pourvu qu'il opère sa retraite sans accident. (Un silence.) Vous n'avez plus rien à m'ordonner?

LOUISE.

Non.

SALSBACH.

Bonsoir, bonsoir, madame la baronne.

LOUISE.

Bonsoir, monsieur Salsbach.

SALSBACH, à mi-voix.

Pourvu qu'il opère sa retraite sans accident.

(Il sort.)

SCÈNE XI.

LOUISE, seule ; elle va fermer la porte, et pousse le verrou.

Fermons cette porte. Je suis toute tremblante. (Elle s'assied.) En vérité, tant d'audace commence à me faire peur. Et ce monsieur de Malzen ! mais qu'est-ce qu'il a ? qu'est-ce qui lui prend maintenant ? un caprice, l'esprit de contradiction. Grâce au ciel, tout est fini, et nous en voilà débarrassées. (Elle se lève.) Il faut tâcher surtout que ma tante ne se doute point de cette dernière extravagance. (Regardant à terre.) Et les morceaux de cette lettre que l'on pourrait trouver ! (Elle les ramasse et les regarde.) Quatre pages ! M. Salsbach a dit vrai, les voilà. Comment m'a-t-il écrit quatre pages ?... qu'est-ce qu'il a pu me dire ? à moi ! (Elle lit.) « Louise... » C'est sans façon ! comment ! m'appeler Louise tout uniment ! (Lisant avec émotion.) « Louise, vous devez me haïr, et « je ne puis vous dire à quel point je me déteste moi-même ! « Avoir méconnu tant de charmes, tant de vertus ! Ma vie « entière suffira-t-elle pour expier mes injustices ! » (S'interrompant.) Oh ! non, sans doute. (Lisant.) « J'ai vu notre « enfant. Avec quelle émotion, quel bonheur j'ai retrouvé « dans ses jeunes traits ceux d'un coupable ! » (Avec un air de satisfaction.) C'est vrai, il lui ressemble. (Elle lit.) « Les « miens finiront, j'espère, par vous paraître moins odieux, « en regardant souvent votre fils. Je ne puis exprimer « ce que j'éprouve depuis une heure ; j'ai mille choses à « vous dire, il faut absolument que je vous parle. Je sais « qu'il y va de ma vie, mais je brave tout ; et dussé-je pé- « rir sous vos yeux... » (On entend un coup de fusil dans le jardin.) Qu'entends-je ! Ah ! le malheureux ! il aura été aperçu ! (Elle court à la fenêtre à gauche, l'ouvre précipitamment pour voir ce qui se passe, et aperçoit Malzen sur le balcon)

SCÈNE XII.

LOUISE, MALZEN.

LOUISE, reculant et jetant un cri.

Ah !

MALZEN, à voix basse, et la main étendue vers elle.

Ne criez pas, ou je suis perdu.

LOUISE, tremblante.

Que vois-je !

MALZEN, de même.

J'étais poursuivi par un garde qui a crié *qui vive?*

LOUISE.

O ciel !

MALZEN.

Ne craignez rien, je me suis gardé de répondre. Aussi, me prenant pour un voleur, il m'a ajusté; mais, caché par un massif, j'ai eu le temps de m'élancer au treillage de ce balcon.

LOUISE, s'appuyant sur un meuble.

Je me soutiens à peine.

MALZEN.

Calmez-vous.

LOUISE, le regardant.

Ah ! mon Dieu !

MALZEN, à la fenêtre, à droite, et prêtant l'oreille en dehors.

Chut, je vous en prie. On ouvre une fenêtre.

LOUISE, écoutant.

C'est celle de ma tante.

MALZEN, écoutant.

Elle s'inquiète, elle s'informe de ce bruit. On lui répond

que c'était une fausse alerte. Très-bien. Elle recommande la plus grande surveillance. La fenêtre se referme.

LOUISE.

Je respire.

MALZEN, s'éloignant de la fenêtre.

Tout est tranquille maintenant. (Se tournant vers Louise.) Ah! madame! que d'excuses je vous dois! Combien je me repens de la frayeur que je vous ai causée!

LOUISE, troublée.

En effet, cette manière d'arriver est si extraordinaire... Mais maintenant, monsieur, qu'allez-vous devenir? J'espère que vous allez repartir sur-le-champ.

MALZEN.

Et par où, madame?

LOUISE.

Mais par le même chemin.

MALZEN.

Impossible, les gardes-chasse sont là.

AIR : Pour le trouver, j'arrive en Allemagne. Yelva.)

Songez qu'on me poursuit encore :
Je ne pourrai, malgré l'obscurité,
Leur échapper ; aussi j'implore
Les droits sacrés de l'hospitalité.

LOUISE.

Comment! monsieur...

MALZEN, l'imitant.

Faut-il donc qu'on réclame
De tels bienfaits! je croyais, entre nous,
Qu'un malheureux, fût-ce un époux, madame,
Devait les attendre de vous.

LOUISE, vivement.

Je ne dis pas non, monsieur ; mais vous ne pouvez pas rester là ; il faut vous éloigner à l'instant, je l'exige.

MALZEN, allant à la porte à droite.

Peut-être que cette porte...

LOUISE, l'arrêtant.

C'est la chambre de ma tante.

MALZEN.

Ah! diable! (Montrant la porte à gauche.) Celle-ci?...

LOUISE.

Oui : elle donne sur l'escalier, et... (Elle se dispose à l'ouvrir, et s'arrête en écoutant.) J'entends marcher.

FRITZ, en dehors et à voix basse.

Madame la baronne!...

LOUISE, bas.

C'est Fritz.

FRITZ, de même.

Ne vous effrayez pas de ce bruit, ce n'est rien. Mais pour qu'personne ne puisse entrer dans la maison, madame votre tante m'a dit de veiller dans ce collidor. Ainsi, dormez tranquille, j'suis là.

LOUISE.

O mon Dieu! et quel moyen?...

MALZEN.

Il n'y en a qu'un, et au risque de ma vie... (Courant à la fenêtre à gauche.) Cette fenêtre...

LOUISE, l'arrêtant.

O ciel! non, monsieur, je vous en prie. (Se reprenant.) Il ne manquerait plus que cela, grand Dieu! quelqu'un que l'on verrait s'échapper de chez moi.

(Elle descend sur le devant du théâtre, à droite.)

MALZEN, allant auprès d'elle et souriant.

Il n'y aurait que le mari qui pourrait s'en fâcher, et nous sommes sûrs de lui.

LOUISE.

Monsieur...

MALZEN.

Mais vous le voulez, madame, je vous obéis. Je reste.

LOUISE, à part.

Allons, c'est moi maintenant qui l'empêche de s'en aller.
(Elle va s'asseoir auprès de la toilette.)

MALZEN, regardant autour de lui.

Me voici donc dans votre chambre, dans cette chambre qui devait être la nôtre, et dont je m'étais exilé moi-même ! J'y suis près de vous, mais par grâce, comme un banni, un fugitif, à qui l'on accorde quelques instants d'hospitalité ; et demain...

LOUISE.

Ah ! demain est loin encore.

MALZEN, faisant quelques pas, et s'approchant de Louise.

Moi, je ne me plaindrai pas ; le temps ne s'écoulera que trop rapidement.

LOUISE, effrayée.

Monsieur, monsieur, je vous en supplie...

MALZEN, retournant à sa place.

C'est juste ; pardon, madame. C'est bien le moins, puisque vous m'accordez un asile, que je ne sois pas incommode. Soyez tranquille, je ne vous gênerai pas, je me tiendrai là, sur une chaise. Vous permettez, madame ?

LOUISE.

Mais il le faut bien, monsieur.

MALZEN.

Que vous êtes bonne ! (Il s'asseoit. Moment de silence.) Je vous en prie, madame, que je ne vous empêche pas de reposer. Je sens bien que, dans notre situation, c'est difficile ; on dit que les plaideurs ne dorment pas ; mais nous pouvons, du

4.

moins, parler de notre procès; car maintenant c'est vous qui voulez plaider, c'est vous qui m'y forcez, et je vous préviens, madame, que je me défendrai avec acharnement, que je vous ferai toutes les chicanes possibles. Vous ne pouvez pas m'en vouloir.

LOUISE, le regardant.

En vérité, monsieur, vous m'étonnez beaucoup. Il me semble que nous avons tout à fait changé de rôle, et ce matin encore...

MALZEN, se levant, et allant auprès de Louise.

Ne me parlez pas de ce matin, d'hier, de ces deux années. J'étais un insensé, un fou...

LOUISE.

Et maintenant vous vous croyez plus sage?

MALZEN.

Non, mais plus juste, car j'ai appris à vous apprécier. Il est des préjugés, que je ne prétends pas défendre, que je devais respecter, puisque c'étaient ceux de ma famille.

AIR de l'Angélus.

Mon père dans cette union
Voyait une honte certaine,
Une tache pour notre nom.

LOUISE.

J'entends, et vous avez sans peine
Contre nous partagé sa haine.

MALZEN.

Oui, mon père était tout pour moi,
Et dans mon âme prévenue,
J'ai fait comme lui; mais je croi
Qu'il eût bientôt fait comme moi,
Si jamais il vous avait vue!

Mais ne vous connaissant point, décidé à vous repousser, la perte de ce procès l'a conduit au tombeau.

LOUISE.

Ciel !

(Elle se lève.)

MALZEN.

Jugez alors des sentiments qui m'animaient pendant ce mariage; jugez si ma haine était légitime... En vous accablant de mes odieux procédés, il me semblait que je vengeais mon père. Un mot de vous a changé toutes mes résolutions, m'a fait connaître l'étendue de mes torts, et je n'ai plus qu'un seul désir, celui de les réparer, d'obtenir mon pardon, et de vous rendre au bonheur.

LOUISE, avec émotion.

Au bonheur! Et qui vous dit, monsieur, qu'il soit encore possible?

MALZEN, étonné.

Comment !

LOUISE.

Qui vous dit que cet hymen que vous voulez m'imposer ne soit pas un supplice éternel pour moi?

MALZEN.

Qu'entends-je !

LOUISE.

Savez-vous, lorsqu'un sort fatal m'a fait vous rencontrer, si ma famille n'avait pas déjà disposé de moi? si moi-même je n'avais pas fait un choix dans lequel j'eusse placé les espérances de toute ma vie? Quel droit aviez-vous de changer ma destinée? Et pour tant de maux, tant d'offenses, quelle réparation? que m'offrez-vous? la main d'un homme que je ne connais pas, qui m'a vouée au mépris, et que peut-être je devrais haïr.

MALZEN.

O ciel! vous en aimeriez un autre! il serait vrai !

LOUISE, froidement.

De quel droit voulez-vous connaître mes sentiments?

MALZEN.

Ce n'est pas un mari qui vous interroge, dès ce moment je ne le suis plus; mais parlez, de grâce.

LOUISE, avec calme.

Je n'ai, monsieur, nulle réponse à vous faire.

MALZEN.

Ah! votre silence en est une. (Froidement.) Écoutez, Louise; je vous ai outragée, et pendant trois ans, je vous ai rendue bien malheureuse; mais ce jour seul vient de vous venger. Oui, soyez satisfaite, et jouissez à votre tour de votre triomphe et de mon tourment. (Avec force.) Je vous aime!

LOUISE.

Que dites-vous?

MALZEN.

De toutes les forces de mon âme. Depuis que je vous ai vue apparaître à mes yeux comme un ange de bonté, depuis surtout que j'ai embrassé mon fils, je ne puis vous dire quelle révolution s'est opérée en mon cœur. Je ne puis vivre sans vous, et c'est dans ce moment que je vous perds à jamais, que vous m'abandonnez, que vous en aimez un autre!

LOUISE.

Qui vous l'a dit?

MALZEN.

Vous-même, votre silence.

LOUISE.

Pourquoi l'interpréter ainsi?

MALZEN, avec joie.

O ciel! vous n'aimez personne? vous le jurez?

LOUISE.

Je n'ai pas dit cela non plus.

MALZEN.

Et qui donc serait digne de tant de bonheur ? Ah! s'il est dû à celui qui vous aime le mieux, qui plus que moi pourrait y aspirer? Je vous dois mon sang, ma vie entière en expiation de mes fautes. Elle se passera à vous adorer, à implorer ma grâce. Et peut-être un jour, convaincue de mon amour, vous consentirez à me pardonner.

LOUISE, troublée.

AIR de la romance de *Téniers*.

Non, non, monsieur, gardez-vous de le croire ;
N'essayez pas de m'attendrir :
Quand de vos torts je perdrais la mémoire,
Ma tante est là, que rien ne peut fléchir.
Elle a promis une haine constante,
Elle a juré sur l'honneur et sa foi
De ne jamais pardonner, et ma tante
Tient ses serments bien mieux que moi.

MALZEN, vivement.

Dieux! qu'entends-je !

LOUISE.

Je n'ai rien dit.

MALZEN, avec chaleur.

Au nom de mon amour, au nom de mon fils, rends-moi un bien qui fut le mien. Oui, Louise, je réclame mes droits. Tu es à moi, tu m'appartiens.

(Il tombe à ses genoux.)

LOUISE, lui mettant la main sur la bouche.

Taisez-vous. (Plus tendrement.) Eh bien! tais-toi, tais-toi, j'entends du bruit.

MALZEN.

Ah! je suis trop heureux !

SCÈNE XIII.

Les mêmes; Mme BARNECK.

LOUISE, à part, et toute troublée.

C'est ma tante. (Malzen est à genoux devant elle. Elle se met devant lui, et le cache avec sa robe.) Quoi! c'est vous, de si bon matin?

Mme BARNECK.

Il est jour depuis longtemps, et puis je t'annonce une visite. Monsieur le président, dont la terre est voisine de la nôtre; je l'avais fait prévenir hier soir, et il vient d'arriver.

LOUISE.

Se déranger à une pareille heure!

Mme BARNECK.

C'est pour lui un plaisir. Il a le fusil sur le dos, et rend la justice en allant à la chasse. Viens, on t'attend.

LOUISE.

Et pourquoi?

Mme BARNECK.

Pure formalité. Il faut seulement renouveler entre ses mains la déclaration d'hier.

MALZEN, la retenant par sa robe.

Vous n'irez pas.

(Louise le regarde et lui sourit avec tendresse.)

Mme BARNECK.

Et devant témoins... que j'ai choisis, et qui nous attendent, M. Sidler et M. Salsbach, attester que, depuis ta demande en séparation, tu n'as pas vu ton mari, ce qui est bien aisé à dire.

LOUISE, dans le dernier trouble.

Oui, ma tante.

Mme BARNECK.

Que tu ne lui as pas parlé.

LOUISE, de même.

Oui, ma tante.

Mme BARNECK.

Qu'en un mot, il n'y a eu entre vous aucun rapprochement. (Elle s'avance pour emmener Louise et aperçoit Malzen à genoux, qui, pendant les mots précédents, a pris la main de Louise, qu'il presse contre ses lèvres.) Ah! qu'ai-je vu! quelle horreur!

LOUISE, voulant la faire taire.

Ma tante, au nom du ciel...

Mme BARNECK.

Et les témoins qui arrivent!... (S'élançant vers la porte au moment où entrent Sidler et Salsbach.) Messieurs, messieurs, on n'entre pas. Je vous défends de regarder.

SCÈNE XIV.

SIDLER, SALSBACH, Mme BARNECK, LOUISE, MALZEN, Plusieurs Jeunes gens.

AIR de Léonide.

Ensemble.

TOUS.

Ah! grands dieux!
Dans ces lieux,
Quelle vue
Imprévue!
Quoi! tous deux
En ces lieux!
En croirai-je mes yeux?

MALZEN et LOUISE.

Jour heureux
Pour tous deux!

Quelle joie imprévue!
Jour heureux
Pour tous deux!
Il comble enfin nos vœux!

Mme BARNECK.
De rage et de dépit je tremble.

SALSBACH.
Est-ce donc pour se séparer
Qu'ici nous les trouvons ensemble?

Mme BARNECK.
J'en puis à peine respirer.

SALSBACH.
Enfermés dans cette demeure
Depuis hier soir...

Mme BARNECK.
C'est trop fort;
Et madame trouvait encor
Que je venais de trop bonne heure!

TOUS.
Ah! grands dieux! etc.

MALZEN et LOUISE.
Jour heureux, etc

SALSBACH.
Ah! çà, mais que diable voulez-vous que nous attestions?

Mme BARNECK, hors d'elle-même.
Vous attesterez, vous attesterez, messieurs, que je suis furieuse, que je bannis monsieur de ma présence, que je ne e recevrai jamais chez moi.

(Malzen passe auprès de madame Barneck.)

LOUISE.
O ciel!

Mme BARNECK.

Et que vous, ma nièce, vous qui me devez tout, vous avez juré de ne jamais me quitter.

LOUISE, baissant les yeux.

Il est vrai.

MALZEN.

Croyez, madame, que mon plus cher désir serait de voir confirmé par vous le pardon que j'ai obtenu de Louise ; mais, dans ce moment, je n'essaierai point de vous fléchir, je me soumettrai respectueusement à vos ordres.

Mme BARNECK, d'un air menaçant.

Je l'espère bien, ou sinon...

MALZEN.

Et puisque vous me bannissez, résigné à mon sort... (A Louise, d'un air peiné, et la prenant par la main.) Allons, chère amie, faites vos adieux à votre tante, et partons.

Mme BARNECK.

Qu'est-ce à dire ?

MALZEN.

Que je l'emmène chez moi.

Mme BARNECK.

L'emmener ! elle pourrait y consentir !

SALSBACH, froidement, et prenant une prise de tabac.

Qu'elle le veuille ou non, c'est la loi, la femme doit suivre son mari.

Mme BARNECK, effrayée.

Ah ! mon Dieu !

MALZEN.

Quant à mon fils, toutes les fois que vous désirerez le voir...

Mme BARNECK.

Et cet enfant aussi ! mon filleul, vous l'emmenez !

SALSBACH, de même.

Vous ne pouvez pas l'empêcher; c'est le père. *Pater is est quem justæ nuptiæ...*

Mme BARNECK.

Eh! laissez-moi.

MALZEN, à Sidler.

Toi, mon ami, tu nous suivras; et puisque M. Salsbach, comme ami de la maison, veut bien accepter un logement chez moi...

Mme BARNECK.

Et vous aussi!... tout le monde m'abandonne! Je vais donc rester seule dans cet immense château!

SALSBACH.

A qui la faute?

LOUISE, joignant les mains.

Ma bonne tante!

MALZEN, qui a passé à la droite de madame Barneck.

Madame!

SALSBACH.

Ma respectable amie!

Mme BARNECK, entre eux deux.

Laissez-moi, laissez-moi! Perdre en un jour une colère à laquelle depuis si longtemps je suis habituée! Non, non, je tiens à mes serments, je ne le recevrai point ici; et puisqu'il enlève ma nièce, mon petit filleul, puisqu'il enlève tout le monde, eh bien, qu'il m'enlève aussi!

SALSBACH.

Vivat! la paix est signée. (A part.) Ils sont réunis, et moi baron; du moins j'y compte. (Bas à Malzen.) Ah çà, jeune homme, j'espère que nous allons réparer le temps perdu, ce petit bonhomme attend une sœur.

(Louise passe auprès de Malzen.)

LE CHŒUR.

AIR du ballet de la Somnambule.

De nos plaideurs désormais
Célébrons l'accord propice;
L'amour mieux que la justice
Sait arranger un procès.

MALZEN.

Ah! quelle ivresse!
La guerre cesse.
Un seul jour change mon cœur.
A quoi donc tient le bonheur?

SALSBACH.

A quoi donc tient la noblesse?

LE CHŒUR.

De nos plaideurs désormais, etc.

LA
COUR D'ASSISES

TABLEAU-VAUDEVILLE EN UN ACTE

EN SOCIÉTÉ AVEC A. VARNER.

Théatre de S. A. R. Madame. — 28 Décembre 1829.

PERSONNAGES.	ACTEURS.
LUCEVAL, avocat stagiaire.......... MM.	ALLAN.
M. COQUELET, avocat.............	NUMA.
M. BOMBÉ, opticien..............	KLEIN.
GIROUX, serrurier...............	LEGRAND.
UN HUISSIER..................	BRIENNE.
Mme DE MERCOURT, jeune veuve ..... Mmes	THÉODORE.
Mme BOMBÉ..................	VALÉRIE.
Mme SABATIER, propriétaire	ROSALIE PRAGUE.
NANINE, sa fille................	ÉLIZA FORGEOT.
Mme GIROUX.................	MINETTE.

GENDARMES. — HOMMES et FEMMES.

A Paris.

LA COUR D'ASSISES

La galerie du Palais où se trouve l'escalier qui conduit à la Cour d'Assises. A côté de l'escalier une galerie où se tient la foule retenue par les gendarmes.

SCÈNE PREMIÈRE.

LUCEVAL, Mme GIROUX, puis Mme SABATIER et NANINE.
PLUSIEURS GENDARMES occupés à contenir la foule qui se presse à la porte de la Cour d'Assises.

LE CHOEUR.

AIR : Non, non, je ne partirai pas. (*La Batelière de Brientz*.)

Ah! quelle foule! ah! quel fracas!

LES FEMMES.

Messieurs, messieurs, ne poussez pas.

LES GENDARMES.

Reculez-vous, on n'entre pas!

LES FEMMES.

Monsieur, vous me cassez le bras,
Ne poussez pas, ne poussez pas!

TOUS.
Depuis ç'matin j'attends, hélas !
On ne commencera donc pas !

UNE FEMME.
Je viens de la ru' Bleue.

Mme GIROUX.
Moi, je viens d'une lieue,
Pour me mettre à la queue.

LUCEVAL, à part et de l'autre côté à gauche.
On se croit, chez Thémis,
Au spectacle gratis.
C'est comme au spectacle gratis.

LE CHOEUR.
Dieu ! quelle foule et quel fracas !
On n'entre pas... ne poussez pas.
(Les gendarmes forcent la foule à rentrer dans la galerie à droite, et se tiennent à la tête de la queue.)

Mme SABATIER, arrivant avec NANINE par le fond à gauche.
Dépêchez-vous donc, ma fille... vous êtes d'une lenteur ! Vous serez cause que nous n'aurons pas de place... Voyez plutôt.

NANINE.
Maman, ce n'est pas ma faute... vous avez voulu faire une grande toilette.

Mme SABATIER.
Pas d'observations !... (En s'adressant à Luceval.) Monsieur, ne pourriez-vous pas nous faire entrer par faveur ?

LUCEVAL.
Je n'ai point ce crédit-là, madame, je ne suis ni juré, ni magistrat... je suis simplement avocat stagiaire.

Mme SABATIER.
C'est dommage... car je n'aime point à être derrière les autres... Je viens ici chercher des émotions fortes pour ma

santé... il m'en faut absolument... Vous me direz : on en trouve à la *Gaîté*, à l'*Ambigu*...

AIR : Elle a trahi ses serments et sa foi.

C'est un tissu de charmantes horreurs ;
Chaque théâtre offre les mêmes pièces...
Ce sont partout des bandits, des chauffeurs
Et des voleurs de toutes les espèces.

LUCEVAL.

Voilà pourquoi le public, maintenant,
Craint à bon droit d'y porter son argent.

Mme SABATIER.

Mais je l'éprouve, cela ne suffit pas... la fiction ne vaut pas la réalité... la réflexion détruit l'effet. Au théâtre, vous n'avez que des coupables de convention, des scélérats à tant par soirée... c'est un état... c'est presque toujours la même figure qui représente tous les crimes... *M. Beauvallet* ou *M. Marty*... et une fois qu'on les connaît, adieu l'illusion... Ici, le drame est bien plus énergique... c'est une suite de sensations qui déchirent l'âme d'une manière délicieuse.

LUCEVAL.

Je conçois... (Montrant Nanine.) C'est votre fille qui vous accompagne ?

Mme SABATIER.

Oui, monsieur... A son âge, il ne serait pas convenable qu'elle restât seule à la maison... aussi je l'emmène partout avec moi.

LUCEVAL.

J'applaudis à votre prudence... mais, entre nous, vous pourriez la conduire à meilleure école.

AIR : T'en souviens-tu.

Quand le coupable, abjurant l'espérance,
Entend sonner l'heure du jugement,

5.

Pâle, abattu, dans un affreux silence,
C'est un spectacle horrible et déchirant...
Il peut flétrir un cœur encor novice.
Ne montrons pas à des yeux ingénus
Le châtiment qui doit frapper le vice,
Mais la couronne assurée aux vertus.

Mme SABATIER.

Cela peut être vrai, monsieur... mais une fille ne risque jamais rien avec sa mère.

NANINE, à part, regardant dans la coulisse.

Je crois que j'ai aperçu M. Théophile!... Comme le cœur me bat!

Mme SABATIER.

Viens avec moi... Il faut essayer d'acheter une place en tête de la queue.

(Luceval s'éloigne un moment et va causer avec un avocat qui passe dans les galeries.)

Mme GIROUX.

Eh! c'est Mme Sabatier! une bourgeoise de notre rue. (A une femme qui se trouve à côté d'elle.) Ma voisine, gardez-moi ma place... (Au gendarme.) Gendarme, on me garde ma place.

Mme SABATIER.

Comment! vous ici, Mme Giroux?

Mme GIROUX.

Prête à vous servir, madame, si j'en étais capable : madame est-elle contente de la rampe en fer que mon mari a eu l'honneur de poser à son escalier? Il vous a fait attendre... mais nous sommes si occupés!

Mme SABATIER.

Ce qui ne vous empêche pas de passer ici votre matinée.

Mme GIROUX.

Je n'aurais pas voulu pour tout au monde manquer la séance... Je n'en manque jamais une... Aussi, dès ce matin, j'ai dit à mon homme que j'allais passer la journée chez ma cousine, qui demeure à la montagne Sainte-Geneviève.

Mme SABATIER.

Et vous n'y êtes pas allée...

Mme GIROUX.

C'était un prétexte pour venir ici... Il faut bien que les femmes aient un peu de bon temps... J'ai laissé à la maison mon mari, qui enrage de ne pouvoir venir. Ce sera si intéressant !

Mme SABATIER.

Vraiment !

Mme GIROUX.

Nous avons d'abord une affaire de fausses clefs... Ce ne sera pas grand'chose...

Mme SABATIER.

Ensuite ?

Mme GIROUX.

Une cause d'outrage à la pudeur.

Mme SABATIER.

Ah ! mon Dieu ! je suis bien fâchée d'avoir amené ma fille...

Mme GIROUX.

Cela se plaide à huis clos...

Mme SABATIER, entre les dents.

Quel dommage !

Mme GIROUX.

C'est ce que je dis ; les détails ne sont que pour le tribunal... Les magistrats sont toujours favorisés... Enfin nous aurons l'affaire de M. Germeuil, un voleur de bon genre, qui habite la Chaussée d'Antin.

Mme SABATIER.

Vraiment !

Mme GIROUX.

Oui... il paraît même qu'il n'est pas le seul dans ce quartier-là ; mais c'est le premier que l'on prenne : il y a commencement à tout.

Mme SABATIER, cherchant à se rappeler.

Germeuil ! n'est-ce pas ce jeune homme qui volait l'été dernier dans les maisons de campagne ?

Mme GIROUX.

Précisément ! un particulier très connu...

Mme SABATIER.

Qui est, dit-on, très-riche.

Mme GIROUX.

Il trouvait peut-être qu'il ne l'était pas encore assez.

Mme SABATIER.

Et nous qui l'avons rencontré l'été dernier au bal de Saint-Mandé !

AIR : Ah ! si madame me voyait. (ROMAGNESI.)

Ah ! comme l'on est exposé !
Avec lui tu dansas, ma fille ;
Il te trouvait même gentille,
Car avec lui moi j'ai causé,
Moi-même avec lui j'ai causé.

Mme GIROUX.

Il vous a pris quelque chose peut-être ?

Mme SABATIER.

Non... mais, par l'ombre favorisé,
Il pouvait... Ah ! dans un bal champêtre,
Voyez comme on est exposé !
Ah ! comme l'on est exposé !

Mme GIROUX.

Toute la Chaussée d'Antin y sera... et vous verrez quel coup d'œil... C'est une affaire à toques et à marabouts... presque pas de bonnets ronds.

NANINE.

Tant mieux ! nous pourrons y voir les modes nouvelles.

AIR du vaudeville des Deux Valentin.

Mme SABATIER et NANINE.

C'est très-bien, (*bis*) allons, dépêchons,
Glissons-nous (*bis*) et nous entrerons ;
Ce Germeuil, (*bis*) pour nous quel espoir !
Nous allons le revoir.

Mme GIROUX.

Avant le dîner,
On peut l'condamner ;
Les jug'ments d'cette espèce...

Mme SABATIER.

Sont plus amusans,
Quand ce sont des gens
Auxquels on s'intéresse.

Ensemble.

Mme SABATIER, et NANINE.

C'est très-bien, (*bis*) allons, dépêchons,
Glissons-nous (*bis*) et nous entrerons ;
Ce Germeuil, (*bis*) pour nous quel espoir !
Nous allons le revoir.

Mme GIROUX.

C'est très-bien, (*bis*) allons, dépêchons,
Glissons-nous (*bis*) et nous entrerons ;
Ce Germeuil, (*bis*) pour vous quel espoir !
Vous allez le revoir.

(Elles se placent à la queue.)

LES GENDARMES.

En arrière ! (*bis*) allons, reculons !
Oui vraiment, (*bis*) nous sommes trop bons ;
Pourquoi donc se presser, et dans quel espoir ?
Vous n'avez rien à voir.

LES AUTRES.

En arrière ! (*bis*) allons, reculons.

Il le faut! (*bis*) mais nous reviendrons;
Ce Germeuil, (*bis*) pour nous quel espoir!
Nous pourrons donc le voir!

LUCEVAL, qui est rentré avec un avocat qui sort aussitôt.

Est-il heureux ce Sainville!... il va plaider sa première cause... Que n'en suis-je là! six mois encore à attendre!... six mois!... Quand on n'a pas encore d'état, et qu'on est amoureux!

SCÈNE II.

Mme BOMBÉ, mise très-élégamment; LUCEVAL.

Mme BOMBÉ, entrant très-vivement.

Ah! mon Dieu! mon Dieu! il sera trop tard! (A Luceval.) Monsieur, la salle où se tient la Cour d'Assises?

LUCEVAL.

C'est ici, madame.

Mme BOMBÉ.

On n'a pas encore appelé la cause de M. Germeuil?

LUCEVAL.

Non, madame.

Mme BOMBÉ.

Dieu soit loué! j'arriverai à temps.

LUCEVAL.

Je n'entends parler que de cette affaire-là. Il paraît que toutes les jolies femmes s'y intéressent!

Mme BOMBÉ, s'inclinant.

Monsieur est bien bon! Moi, j'ai des motifs particuliers! D'abord, mon mari est juré... mon mari juré, cela me paraît si amusant... et je ne serai pas fâchée de le voir siéger! Savez-vous s'il aura une robe?

LUCEVAL.

Non, madame.

Mme BOMBÉ.

Tant pis! je m'en faisais une fête! Parlera-t-il?

LUCEVAL.

Non, madame.

Mme BOMBÉ.

Tant mieux! Il aura bien plus de succès! Vous saurez que c'est la première fois de sa vie qu'il est juré.

LUCEVAL.

C'est hier cependant que la session s'est ouverte.

Mme BOMBÉ.

Oui, monsieur... mais mon mari n'a pas pu... une affaire importante.

LUCEVAL.

Prenez garde... il y a une forte amende.

Mme BOMBÉ.

Quand on est indisposé... et nous avons le certificat du médecin... un jeune homme charmant, qui déjeunait avec nous au *Rocher de Cancale*. Je vous demande si en sortant de là mon mari pouvait venir.

AIR : J'ai vu le Parnasse des dames. (*Rien de trop.*)

Aisément sa tête se trouble,
La justice doit être à jeun...

LUCEVAL.

Votre mari, qui voyait double,
Eût vu deux coupables pour un.

Mme BOMBÉ.

Le fait est assez vraisemblable;
Car près de moi, dans son erreur,
Il crut voir deux amants à table,
Et je n'avais que le docteur.

(Regardant du côté de la porte à droite, et remontant le théâtre.)

Eh! mon Dieu! quelle foule!

LUCEVAL.

Ils savent peut-être tous que votre mari est juré?

Mme BOMBÉ.

En vérité on devrait bien mettre les places à dix francs par tête... il n'y aurait pas tant de monde.

Mme GIROUX, qui est toujours à la queue et qui l'entend.

Oui-dà! Il me paraît, petite mère, que vous avez plus d'argent que d'esprit!

Mme BOMBÉ, s'éloignant d'elle et se rapprochant de Luceval.

Et comme c'est composé! Comment vais-je faire pour entrer?

LUCEVAL, souriant.

Eh! mais vous n'entrerez pas!

Mme BOMBÉ.

C'est impossible!... Il le faut... je suis nécessaire.

LUCEVAL.

Vraiment!

Mme BOMBÉ.

On ne pourrait pas commencer sans moi. Je suis appelée comme témoin dans l'affaire de M. Germeuil.

LUCEVAL.

Ah! vous êtes mêlée dans cette affaire?

Mme BOMBÉ.

Indirectement et par le hasard le plus singulier. Nous avons à Épinay une campagne charmante, la première maison à droite, qui appartient à mon mari, M. Bombé, ingénieur-opticien.

LUCEVAL.

Je vois cela d'ici.

Mme BOMBÉ.

Nous l'avions louée l'été dernier à une dame qui l'a quittée avant la fin du terme... Nous avons alors été nous y établir, et le premier jour de mon arrivée, au milieu de la nuit, j'entends ouvrir la fenêtre de mon appartement qui donnait sur le jardin! Vous jugez de ma frayeur...

LUCEVAL.

Je me l'imagine.

Mme BOMBÉ.

En apercevant à la lueur de ma lampe d'albâtre et à deux pas de mon lit... une figure...

LUCEVAL.

Horrible...

Mme BOMBÉ.

Non, assez agréable! Un air comme il faut, autant que la frayeur m'a permis de regarder... Je m'élance dans la chambre à côté... je crie : Au voleur! on l'arrête, et aussitôt après, j'ai eu une attaque de nerfs épouvantable... Vous sentez que le trouble, l'émotion... et puis la nuit, dans une situation semblable.

LUCEVAL.

J'entends...

..... Dans le simple appareil
D'une beauté qu'on vient d'arracher.....
Il y a de quoi gagner un rhume affreux.

Mme BOMBÉ.

N'est-ce pas? Mais le difficile est d'expliquer cela aux juges! Je ne sais comment m'y prendre pour faire ma déposition...

LUCEVAL.

Pas autrement que vous venez de le faire avec moi... La vérité tout entière, et sans ornement... ce sera charmant.

Mme BOMBÉ.

Vous trouvez?... Mais il doit être si difficile de parler en public, surtout quand tout le monde vous regarde... c'est là un inconvénient...

LUCEVAL.

Auquel vous devez être habituée.

Mme BOMBÉ.

Pas ici, du moins.

LUCEVAL.

Du reste, rien de plus simple... on vous fera lever la main.

Mme BOMBÉ.

Et pourquoi?

LUCEVAL.

Pour prêter serment.

Mme BOMBÉ.

Comment! pour prêter serment.

LUCEVAL.

Est-ce qu'un serment vous effraie?

Mme BOMBÉ.

Mais... oui... devant la justice!... sans cela... Est-il vrai, monsieur, qu'il faut dire son âge?

LUCEVAL.

Oui, madame... c'est de rigueur.

Mme BOMBÉ.

Voilà qui est terrible!... non pas maintenant; mais plus tard cela sert de date... Il y a des gens qui ont une mémoire...

AIR du vaudeville des *Frères de lait*.

Le jour heureux qui nous donna naissance
Rien que pour nous doit être constaté;
On peut le dire au sortir de l'enfance,
On s'en souvient encor dans son été,
Et l'on en parle en petit comité.
    Mais quand nous touchons à l'automne,
    Repoussant le calendrier,

C'est un secret qu'on ne dit à personne,
(A part.)
Et que soi-même on voudrait oublier.
Aussi me voilà enchantée de ne pouvoir entrer.

LUCEVAL.

Du tout, madame... il y a pour les témoins une autre porte... et si vous voulez me permettre de vous offrir mon bras...

Mme BOMBÉ.

Quoi! monsieur, vous seriez assez bon...

LUCEVAL.

Je dois vous faire les honneurs... je suis chez moi... avocat stagiaire...

Mme BOMBÉ.

Stagiaire... c'est quelque grande dignité... président ou substitut...

LUCEVAL, riant.

Pas précisément.

Mme BOMBÉ.

C'est égal, cela ne vous empêche pas d'être fort aimable; et je suis bien heureuse de vous avoir rencontré... (Madame Bombé prend le bras de Luceval; ils se disposent à sortir au moment où M. Bombé entre par le fond, à gauche.) Ah! mon Dieu !... c'est mon mari... M. Bombé!... Ah! mon mari... vous voilà!...

SCÈNE III.

LUCEVAL, BOMBÉ, Mme BOMBÉ.

BOMBÉ.

Oui, madame... et ce n'est pas sans peine... Mais quel est ce jeune cavalier?

Mme BOMBÉ.

Vous n'étiez pas là pour me donner le bras... J'ai pris celui de monsieur, qui est un substitut, ou à peu près.

LUCEVAL, à Bombé.

Trop heureux, monsieur, d'être le vôtre.

BOMBÉ.

C'est ce que je vois.

Mme BOMBÉ.

Vous êtes, sans doute, arrivé depuis longtemps?

BOMBÉ.

Eh! non vraiment... A l'instant même... car tous les malheurs tombent sur moi, depuis que j'ai eu celui d'être juré.

LUCEVAL.

Un malheur!... vous appelez ainsi des fonctions honorables...

AIR : Que n'avons-nous la verve heureuse. (*Le Tribunal de la reine Berthe.*)

Gloire à ce tribunal auguste!
Qui, placé loin de la faveur,
N'a qu'un désir, c'est d'être juste,
Et ne redoute que l'erreur;
Qui, dans sa noble indépendance,
N'a, soit qu'il frappe ou qu'il sauve un mortel,
D'autre loi que sa conscience
Et d'autre juge que le ciel!

BOMBÉ.

Je le sais bien; et c'est ce que me dit ma femme, qui tient aux honneurs... qui tient à paraître... parce que la coquetterie avant tout... Mais moi, je suis un citoyen paisible et prudent, qui me suis enrichi dans les télescopes, et j'y vois de loin... Aussi je me dis : J'ai fait ma fortune, que d'autres la fassent... Je n'ai besoin de personne; personne ne doit avoir besoin de moi... Il y en a qui, quand on crie au voleur, ou au feu, ouvrent leurs fenêtres; moi, je ferme ma porte, et je dis : Tirez-vous-en comme vous pourrez.

LUCEVAL.

Et si le feu qui prend chez le voisin gagne jusqu'à votre maison ?

BOMBÉ.

Les pompiers sont là... c'est leur état.

AIR : Comme il m'aimait. (*M. Sans-Gêne*)

Chacun pour soi, (*Bis.*)
Cela me semble raisonnable.
Chacun pour soi, (*Bis.*)
Voilà ma devise et ma loi.
Qu'on ait bon vin et bonne table,
Bons revenus et femme aimable...
Chacun pour soi, (*Bis.*)
Chacun pour soi ! (*Bis.*)

Mais j'ai des voisins qui, par malheur, ne partagent pas mon système... Ce sont eux qui m'ont dénoncé... ils m'ont fait mettre d'office sur la liste du jury.

Mme BOMBÉ.

Plaignez-vous donc !... cela prouve que vous êtes électeur.

LUCEVAL.

Vous êtes un des plus imposés du quartier, et par conséquent un des plus riches.

BOMBÉ.

Riche ! riche !... je ne le serai pas longtemps si cela continue... Savez-vous ce qu'il m'en coûte pour avoir manqué la séance d'hier ?... Cinq cents francs !...

LUCEVAL.

C'est le prix.

Mme BOMBÉ.

Ah ! mon Dieu !... une parure de bal ne coûterait pas davantage.

BOMBÉ.

Cinq cents francs !...

LUCEVAL.

Et par votre absence, ne risquiez-vous pas de coûter bien davantage aux malheureux sur lesquels vous étiez appelé à prononcer?... Qui sait si la Providence ne vous destinait pas à découvrir la vérité?... à sauver un innocent?... à éclairer du moins la religion de vos collègues?...

BOMBÉ.

Non, monsieur... je ne leur aurais servi à rien... je me connais... en fait de jugement, je n'en ai que bien juste ce qu'il me faut pour mon usage particulier.

AIR de Marianne. (DALAYRAC.)

Je vous le dis en toutes lettres,
Je ne suis pas homme de loi;
Je ne m'entends qu'en baromètres,
C'est mon état, c'est mon emploi.
 Qu'un avocat,
 Qu'un magistrat,
 Au tribunal,
 Dicte l'arrêt fatal !
 Ce que je peux
 Faire pour ceux
Qui, pour juger, vont siéger avec eux,
C'est de fournir, sans bénéfice,
Des besicles.

LUCEVAL.
Bien obligé !

BOMBÉ.
C'est là le seul moyen que j'ai
D'éclairer la justice.

Et si cette considération pouvait m'exempter de l'amende... ou la faire diminuer... aidez-moi de vos conseils.

LUCEVAL.

Écoutez...

AIR de la valse de *Robin des Bois.*

Dans un instant va s'ouvrir l'audience,
  (A Madame Bombé.)
Pour vous guider, daignez prendre mon bras.

BOMBÉ, bas à sa femme.

De ce monsieur je crains la complaisance,
Et j'aime autant que vous n'acceptiez pas.

LUCEVAL.

Dépêchons-nous, car il est une amende
Pour les témoins qui se sont absentés.

BOMBÉ, vivement.

Partez alors, partez, je le commande ;
  (Voyant Luceval qui prend le bras de sa femme.)
Il me faut donc payer de tous côtés !

Ensemble.

LUCEVAL.

Dans un instant va s'ouvrir l'audience,
Pour vous guider daignez, prendre mon bras ;
Je suis heureux, dans cette circonstance,
D'être chargé de diriger vos pas.
  (Il sort par le fond avec Madame Bombé.)

Mme BOMBÉ.

Dans un instant va s'ouvrir l'audience,
Avec plaisir j'accepte votre bras.
Je suis heureuse en cette circonstance
D'avoir quelqu'un pour diriger mes pas.

BOMBÉ.

De ce monsieur je crains la complaisance.
J'aimerais mieux qu'elle n'acceptât pas ;
Mais elle doit aller à l'audience,
Il faut quelqu'un pour diriger ses pas.

SCÈNE IV.

BOMBÉ, puis M. COQUELET.

BOMBÉ.

Ce monsieur s'en va avec ma femme... sans me répondre au sujet de mon amende... Qui pourrais-je consulter, sans que cela me coûte rien ?... (Il fouille dans sa poche.) Eh! mais, où donc ai-je mis ma citation?...
(Il approche des gendarmes avec lesquels il cause pendant tout le temps que M. Coquelet parle à ses clients.)

COQUELET, chargé de paperasses et entouré de plusieurs plaideurs, entre par le fond, à gauche.

J'examinerai cela avant de me coucher, et je me coucherai tard... car j'ai justement deux bals ce soir... (A un autre.) Nous sommes en instance, et je dîne aujourd'hui avec le président... nous parlerons de vous au dessert. (A un troisième.) Votre affaire est sûre... Nous l'avons perdue... mais nous gagnerons en appel. Vous pouvez vous en rapporter à moi... je ne me trompe jamais. (Les plaideurs sortent par le fond ; M. Coquelet sur le devant de la scène à gauche.) Ouf! respirons, je ne sais auquel entendre... J'ai donné chez moi à danser toute la nuit... Une soirée charmante... un jeu d'enfer... et j'ai ce matin quatre causes à plaider... Je n'aurai jamais le temps de lire les dossiers... Heureusement, pour la première affaire... j'en ai causé hier avec mon client, en jouant à l'impériale, et cela en donne toujours une idée...

BOMBÉ, l'examinant.

N'est-ce pas M. Coquelet?

COQUELET.

Qui m'appelle?

BOMBÉ.

Vous ne reconnaissez pas M. Bombé?

COQUELET.

L'ingénieur-opticien.

BOMBÉ.

Qui par ses observations météorologiques a rendu de si grands services au public parisien.

COQUELET.

C'est, ma foi, vrai.

BOMBÉ.

Car enfin, l'hiver, au mois de janvier, qui vient-on consulter?

AIR : Dans ma chaumière.

> Mon thermomètre : (*Bis.*)
> Aussi chacun en grelottant,
> A ma porte, droit comme un mètre,
> Apprend qu'il fait froid, en voyant
> Mon thermomètre. (*Bis.*)

COQUELET.

C'est une belle invention.

BOMBÉ.

Qu'on voulait me disputer... aussi, c'est à ce sujet que vous avez plaidé pour moi, il y a dix ans... Vous ne vous rappelez pas?

COQUELET.

C'est, ma foi, vrai... mais dans notre état, où nous plaidons souvent le froid et le chaud... une pareille affaire peut s'oublier... J'étais jeune alors... je commençais... je plaidais à deux cents francs.

BOMBÉ.

A quatre cents... s'il vous plaît.

COQUELET, avec satisfaction.

Vraiment?... je ne croyais pas être déjà si avancé...

Depuis j'ai pris mon vol... je suis devenu un des aigles du barreau... et je vends un peu plus cher mes paroles.

BOMBÉ.

C'est ce qu'on dit... et je serais fâché de vous en faire perdre, au prix où elles sont.

COQUELET.

Laissez donc... je parle quelquefois gratis... avec ma femme, avec mes amis... non que je sois intéressé; mais, par ma position, je suis obligé d'être cher... sans cela j'aurais trop de monde à défendre... c'est l'inconvénient d'une grande réputation... Du reste, je ne tiens pas à l'argent, je le méprise... mais il faut que j'en gagne, parce que j'en dépense beaucoup... Grâce à ce système, j'ai fait un beau mariage... une femme charmante, de la naissance, de la fortune... ce qui a doublé mes revenus et ma clientèle. Aussi j'éblouis ceux qui viennent chez moi... on se demande si c'est un pair de France? non; c'est un avocat... et l'on conçoit une haute idée d'une éloquence qui a une voiture... un hôtel, et des laquais en livrée.

BOMBÉ.

Eh bien! moi, c'est cette éloquence-là qui m'effraie... car j'avais quelque chose à vous demander, et je n'ose plus.

COQUELET.

Pourquoi donc?.. est-ce une affaire à plaider?... me voilà!

BOMBÉ.

Non... deux mots de consultation.

COQUELET, tirant sa montre.

J'ai cinq minutes à vous donner.

BOMBÉ.

Je les prends... Je suis du jury... et j'ai une femme jeune et jolie.

COQUELET.

C'est, ma foi, vrai ; et j'ai des compliments à vous faire. Je suis allé une fois dans vos magasins acheter, pour ma terre de Choisy, une longue-vue de cinq cents francs... que je vous dois encore.

BOMBÉ.

C'est bien... on vous enverra la facture.

COQUELET.

J'ai vu là, en votre absence, une femme charmante... qui m'a reçu à merveille.

BOMBÉ.

Je crois bien... elle est si coquette !... et je me suis dit hier : Me voilà pour trois semaines à la Cour d'assises...

AIR : Chacun de son côté.

Matin et soir, pendant ces trois semaines,
Loin de chez moi je m'en vais être absent.

COQUELET.

Eh ! quoi, c'est là ce qui cause vos peines ?

BOMBÉ.

Pour un mari c'est fort peu rassurant.
En condamnant les autres, dans mon âme
Je tremblerai, en songeant aussitôt
Que je puis être, hélas ! près de ma femme,
    Condamné par défaut.

COQUELET, riant.

Est-ce que vous êtes jaloux ?

BOMBÉ.

Il y a des jours... où j'ai des idées.

COQUELET.

Laissez donc !...

BOMBÉ.

Où je crois voir...

COQUELET.

Erreur ! vous avez chez vous des verres qui grossissent les objets... Faites comme moi... pendant trois mois ma femme a été prendre les eaux de Néris, et voyager pour sa santé... je ne m'en suis pas inquiété un moment... parce que j'ai confiance en mon étoile... Ma foi, mon cher, (Regardant sa montre.) les cinq minutes sont expirées...

(Il fait deux pas pour sortir.)

BOMBÉ, le retenant.

Et je n'ai encore rien dit... c'est vous qui avez toujours parlé...

COQUELET, revenant.

Pourquoi n'allez-vous pas au fait ? Voyons, vous êtes au nombre des jurés...

BOMBÉ, vivement.

Mieux que cela... je suis dans ce moment au nombre des condamnés...

COQUELET.

Il serait possible !

BOMBÉ, de même.

Parce que, à cause de ce que je vous disais tout à l'heure, j'ai manqué à la séance d'hier... dans une affaire où ma femme est témoin... et si, par votre crédit... vous pouviez m'arranger cela...

COQUELET.

Rien de plus facile... Dès que votre femme est témoin, vous pouviez vous récuser... En allant à la sixième chambre, où j'ai affaire, nous entrerons dans le cabinet de l'avocat général, à qui j'en dirai deux mots.

BOMBÉ.

Quelle reconnaissance !...

COQUELET.

Du tout... à un ami... à un ancien client, je ne prends

point d'honoraires... Nous nous entendrons toujours bien.

BOMBÉ.

Ah! monsieur!

COQUELET.

Il ne sera plus question de la longue-vue que je vous dois... et voilà tout...

BOMBÉ.

Ah! mon Dieu!... Mais à ce compte... j'aime tout autant...

COQUELET, vivement.

AIR de la Tarentelle.

Nous réussirons, j'espère,
Quoiqu'une pareille affaire
Soit peu de mon ministère;
C'est pour vous, cela suffit...
Oui, dans cette conjoncture,
C'est pour vous seul, je le jure,
Et c'est par amitié pure,
Que j'emploirai mon crédit.

BOMBÉ, à part.

Autant valait, sans disputes,
Payer l'amende à l'instant;
Cinq cents francs pour cinq minutes!...

COQUELET.

Allons, partons promptement.
Mon temps ne peut me suffire...

BOMBÉ, de même.

Je conçois, moi qui m'en sers,
Au profit qu'il en retire,
Que ses instants lui sont chers.

Ensemble.

BOMBÉ.

Pour moi la maudite affaire!
Au diable son ministère!

6.

Et d'une amitié si chère,
Quel est pour moi le profit ?

COQUELET.

Nous réussirons, j'espère,
Quoiqu'une pareille affaire
Soit peu de mon ministère,
C'est pour vous, cela suffit.

SCÈNE V.

GIROUX, puis LUCEVAL.

GIROUX, entrant par le fond, et s'adressant à Bombé et à Coquelet qui sortent.

Messieurs, pourriez-vous me dire si on va bientôt commencer les condamnations là-dedans ?

BOMBÉ, en s'en allant.

Eh ! laissez-moi tranquille...

(Coquelet et Bombé sortent par le fond à gauche.)

GIROUX.

Ils s'en vont sans me répondre... Excusez de la politesse !... Je croyais que le noir était de la maison, à cause de son uniforme... Ah ! il n'y a qu'une affaire intéressante, celle de M. Germeuil ; et c'est celle-là que je voudrais entendre... J'ai déjà été à la Conciergerie, où je l'ai vu passer... Un joli jeune homme, ma foi... bien mis, beau linge et immensément riche... Il paraît qu'il vole pour son plaisir...

LUCEVAL, rentrant par le fond.

Voilà ma jolie dame placée au banc des témoins... elle est fort aimable... mais un peu coquette... Ah ! quelle différence... ce n'est pas là... (Voyant Giroux.) Tiens... c'est vous, mon ami ?

GIROUX.

Dieux ! ce monsieur l'avocat, chez qui j'ai posé des sonnettes, qui me reconnaît.

LUCEVAL.

Qu'est-ce que vous venez donc faire ici?

GIROUX.

Rien, monsieur... Je veux voir... en passant.

LUCEVAL.

Plutôt que de rester chez vous à travailler!... Est-ce que vous manqueriez d'ouvrage?

GIROUX.

Bien au contraire... j'en ai trop... Mais je m'en vais vous dire... c'était hier dimanche... et aujourd'hui je me suis senti mal à la tête... Alors, je me suis dit : Il faut prendre l'air, se distraire... c'est pour ça que je suis venu...

LUCEVAL.

C'est très-mal de perdre ainsi toute une journée!...

GIROUX.

Je rattraperai cela la nuit...

LUCEVAL.

Vous qui êtes établi, qui avez sans doute une femme...

GIROUX.

Et une fameuse... Mais aujourd'hui c'est comme si je n'en avais pas... elle est à dîner chez une parente, et je profite de son absence pour m'échapper... Elle me croit à la boutique... si elle savait que j'ai décampé, elle ferait un fier tapage...

LUCEVAL.

Et elle aurait raison.

GIROUX.

Mais aussi elle n'en saura rien... (A part.) Je m'en vais tâcher de me faufiler...

(Il cherche à se glisser parmi les personnes qui font la queue.)

Mme GIROUX, sans voir son mari.

Ne poussez donc pas comme ça! (Se retournant.) Tiens, c'est toi?

GIROUX.

Ma femme !

Mme GIROUX.

Mon mari !

TOUS.

Tiens, c'est sa femme !...

LES FEMMES.

Ah ! c'est son mari !...

GIROUX, quittant la queue, et venant avec sa femme sur le devant du théâtre à droite.

V'là donc comme tu vas chez ta cousine !

Mme GIROUX.

V'là donc comme tu restes à la maison !

GIROUX.

Queuqu't'as besoin au Palais ?

Mme GIROUX.

J'venais t'y chercher.

GIROUX.

Air du vaudeville de M. Guillaume.

Au lieu de coudre et d'faire un blanchissage !

Mme GIROUX.

N'faudrait il pas te r'passer un jabot ?

GIROUX.

Tu n'as pas d'soin.

Mme GIROUX.

Et toi pas de courage.
Au lieu de batt' le fer quand il est chaud...

GIROUX.

J'connais mon d'voir, faut qu'chacun ait son lot.
Le mari sort et s'promèn'... c'est l'usage ;
Mais du logis la femm' n'doit pas bouger.
Voilà comment, quand on fait bon ménage,
Tout doit se partager.

Et tu vas retourner chez nous.

Mme GIROUX.

Marche d'abord, et je te suivrai.

LUCEVAL.

Eh! mon Dieu... partez de compagnie... c'est ce que vous avez de mieux à faire.

GIROUX et Mme GIROUX.

C'monsieur dit vrai... partons.

(Ils font quelques pas.)

Mme GIROUX, s'arrêtant.

Dis donc, not'homme... la porte de la boutique est-elle bien fermée ?

GIROUX.

A double tour... et c'est une serrure de ma façon.

Mme GIROUX.

Nous pouvons comme ça être tranquilles ?

GIROUX.

J'en réponds.

Mme GIROUX.

Puisque nous sommes tout portés... si nous allions ensemble le voir condamner... Ce sera un dimanche de plus dans la semaine.

GIROUX.

Tu as raison... on a supprimé tant de fêtes... Allons le voir condamner.

(Ils vont se mêler dans la foule qui est à la porte de la Cour d'Assises.)

LUCEVAL, à part.

Ils y reviennent... Voilà tout l'effet qu'a produit ma harangue.

(Les portes du tribunal s'ouvrent, la foule se précipite sur l'escalier.)

TOUS.

AIR : Dépêchons, travaillons. (*Le Maçon.*)

V'là l'moment,

V'là l'instant,
De n'pas perdre son rang ;
Avançons
Et poussons,
Et nous arriverons.

PLUSIEURS VOIX.

Avancez !

D'AUTRES VOIX.

Vous pousser.
Finissez...
Ah ! que vous nous pressez !...

TOUS.

Avançons
Et poussons,
Et nous arriverons.

(Plusieurs dames viennent se mettre encore à la queue et montent avec la foule, ce qui complète le tableau ; tout le monde entre ; il ne reste en scène que Luceval.)

SCÈNE VI.

LUCEVAL, seul.

nfin, ils sont entrés... ils ont obtenu le prix de trois heures d'attente... Hommes du monde et hommes du peuple, riches et gueux, gens oisifs et gens qui ne devraient pas l'être, confondus pêle-mêle, se coudoyant, en habit noir ou en veste, vont maintenant se disputer les meilleures places... (Avec ironie.) Il est en effet si doux d'observer l'abattement de l'accusé, la pâleur de son visage... (Changeant de ton.) Ce qui me révolte le plus, c'est de voir des femmes... assister à de pareilles scènes, à ce spectacle douloureux... Ce n'est point à de telles fêtes que je rencontre celle que j'aime... Mme de Mercourt sait mieux employer son temps... elle connait trop bien le rôle qui convient à son sexe !...

Modeste, timide, réservée, l'idée d'un tribunal lui fait peur; et ce n'est qu'en tremblant qu'elle passe à côté du Palais-de-Justice... (Se retournant, et voyant Madame de Mercourt qui entre par le fond, à gauche.) Ah! mon Dieu! qu'ai-je vu!... moi qui la croyais loin de Paris... Comment se fait-il?... il faut que quelque procès ait hâté son retour... et ne pas m'en avoir parlé...

SCÈNE VII.

LUCEVAL, Mme DE MERCOURT.

Mme DE MERCOURT.

Ah! vous voilà, monsieur... Aussitôt mon arrivée, j'avais envoyé chez vous.

LUCEVAL.

Il serait possible!

Mme DE MERCOURT.

Vous étiez sorti; et je suis bien aise de vous rencontrer... N'est-ce pas ce matin que se juge l'affaire de M. Germeuil?

LUCEVAL, à part avec beaucoup d'étonnement.

Comment!... elle aussi! (Haut.) Oui, madame, c'est ce matin... (D'un air piqué.) Est-ce là ce qui vous amène?

Mme DE MERCOURT.

J'étais en voyage, quand j'ai appris les détails de cette affaire, qui m'intéresse plus que je ne peux dire.

LUCEVAL.

Vous n'êtes pas la seule! toutes les dames de ma connaissance...

Mme DE MERCOURT.

Elles ont bien raison... moi plus que toute autre.. (En confidence.) Nous sommes au désespoir... Un jeune homme de vingt-deux ans, d'une grande fortune et d'une famille...

(A demi-voix.) s'il faut vous le dire, qui est alliée à la mienne.

LUCEVAL.

O ciel! et vous ne m'en parliez pas!

Mme DE MERCOURT.

Ah! c'est à vous surtout que j'aurais voulu le cacher.

LUCEVAL.

Quoi! vous pourriez croire...

Mme DE MERCOURT, vivement.

Il est innocent... je vous le jure... J'en ai la preuve et cependant tout me fait craindre qu'il ne soit condamné.

LUCEVAL.

Ce n'est pas possible!

Mme DE MERCOURT.

Ah! vous ignorez combien sa position est bizarre... Je puis tout vous confier... Je connais votre discrétion, et j'ai tant besoin de vos conseils.

LUCEVAL.

Parlez, de grâce!...

Mme DE MERCOURT, après avoir regardé si personne ne l'écoute.

Une jeune dame que ses parents croyaient aux eaux de Néris, habitait depuis quelque temps une campagne où elle vivait très-retirée, ne voyant personne, et laissant ignorer jusqu'à son nom.

LUCEVAL.

Elle avait probablement pour cela des raisons...

Mme DE MERCOURT.

Peut-être.

LUCEVAL.

Je ne cherche point à les connaître... Continuez, je vous prie.

Mme DE MERCOURT.

Un matin elle est obligée de quitter cette maison qu'elle

avait louée, et de revenir en toute hâte à Paris... Je ne vous dirai point le motif de ce brusque départ... Mais le soir même on entend du bruit dans la chambre qu'elle avait quittée... on y monte... on trouve un jeune homme qui avait pénétré dans l'appartement en brisant un carreau de la croisée... On l'arrête; c'était M. Germeuil... On l'interroge... il balbutie... On le presse de questions, il ne répond pas; on l'accuse de vol, son silence semble un aveu. D'un mot, il pourrait se justifier... Il ne le veut pas.

LUCEVAL.

Et comment savez-vous tous ces détails?

Mme DE MERCOURT.

Par une personne que je connaissais à peine... que je suis loin d'excuser... mais que je ne puis m'empêcher de plaindre... Elle est venue ce matin se jeter dans mes bras; elle m'a tout avoué... Ils s'aimaient depuis longtemps... Un hymen odieux les a séparés... Elle a un nom, une famille respectable, et si elle doit elle-même proclamer son déshonneur, elle est décidée à mourir.

LUCEVAL.

Grand Dieu!

Mme DE MERCOURT.

D'un autre côté doit-on laisser condamner ce pauvre Germeuil?

LUCEVAL.

Quel est son avocat?

Mme DE MERCOURT.

Il n'en a pas; il a refusé de le choisir... Sa famille est désolée... elle offre dix mille francs au défenseur qui tentera de le sauver... Mais comment y parvenir sans compromettre (Avec embarras.) celle qu'il aime?

LUCEVAL.

Oui, je comprends, c'est délicat... mais, à tout hasard, je crois qu'il faudrait que cette dame déclarât la vérité dans un billet confidentiel... on ne ferait usage de cet écrit qu'à la dernière extrémité.

Mme DE MERCOURT.

J'aimerais mieux qu'on n'eût pas besoin de ce moyen-là... Il faudrait qu'on pût trouver un avocat dont la seule éloquence...

LUCEVAL.

Je comprends... mais c'est bien difficile... tandis que de l'autre manière...

Mme DE MERCOURT.

Enfin, monsieur, vous qui avez l'habitude de ces lieux... tâchez de me trouver le défenseur qu'il nous faudrait... nous n'avons pas un instant à perdre...

LUCEVAL.

Que ne suis-je inscrit sur le tableau !... que ne puis-je plaider ! je ne laisserais pas à d'autres le soin de le défendre... Mais, soyez tranquille... je connais toutes les notabilités du barreau.

Mme DE MERCOURT.

Je compte sur vous.

LUCEVAL.

AIR de *Léonide*.

A l'espoir, au bonheur,
Je sens s'ouvrir mon âme ;
A l'espoir qui m'enflamme,
Je sens battre mon cœur !

Mme DE MERCOURT.

Je vais, à l'amitié fidèle,
La trouver ; elle n'est pas loin...
Et s'il le faut, exiger d'elle
L'écrit dont vous avez besoin.....
Vous, cherchez parmi vos confrères...

LUCEVAL.

Ah ! trop heureux de vous servir !

Mme DE MERCOURT.
Et si vous pouvez réussir,
Je me charge des honoraires.

Ensemble.

LUCEVAL et Mme DE MERCOURT.
A l'espoir, au bonheur, etc.
(Madame de Mercourt sort par le fond.)

LUCEVAL, seul.
Voyons, à qui je m'adresserai?... Nous avons beaucoup d'avocats, mais fort peu d'orateurs...et dans cette circonstance feu Cicéron ne serait pas de trop. (Il reste immobile, et livré à ses réflexions.) Eh parbleu! j'aperçois dans la grand'salle un confrère auquel je ne pensais pas... Il n'est pas plus savant qu'un autre; mais il plaide trois affaires par jour... Ça lui tient lieu de mérite, et cela lui a donné de l'expérience... Il a l'oreille des juges... enfin, il passe pour un homme habile.

SCÈNE VIII.

LUCEVAL, COQUELET.

COQUELET, entrant par la gauche.
Des remises!... toujours des remises!... Comme l'éloquence s'arrange de cela!...

LUCEVAL.
Vous me paraissez bien échauffé, maître Coquelet?

COQUELET.
Comme un athlète au sortir du combat... couvert de sueur et de poussière : *grato pulvere*... comme l'on dit, quand il s'agit d'une victoire.

LUCEVAL.
Vous avez gagné votre cause?

COQUELET.

Oui, la première. Je m'attendais à un second triomphe; mais il est ajourné à huitaine, par la faute d'un témoin, qui s'est tout exprès donné une entorse, pour m'arrêter dans mes succès.

LUCEVAL.

C'est très contrariant.

COQUELET.

J'en suis désolé... (Se frappant sur le front.) J'avais là mon exorde tout prêt... il ne demandait qu'à sortir... (Déclamant.) « S'il est un spectacle digne de porter dans les âmes une émotion profonde, c'est celui d'une femme arrivée au terme de sa carrière, et qui a, pour ainsi dire, un pied dans la tombe, sous le poids d'une accusation, etc., etc. » Eh bien! il faudra garder cela pour une meilleure occasion... Me voilà condamné au silence pour la journée... c'est dur!

LUCEVAL.

Cela se trouve à merveille; j'ai une affaire à vous proposer.

COQUELET.

Vraiment, mon jeune ami!

LUCEVAL.

Mais il faudrait plaider à l'instant même, et sans préparation.

COQUELET.

C'est ce qu'il me faut... Je ne parle jamais mieux que quand je ne sais pas ce que je vais dire... alors je m'étonne moi-même... Mais de quoi est-il question?... est-ce une affaire qui en vaille la peine?... ou tout bonnement un service à rendre?... quelque malheureux à défendre d'office?... Ce n'est pas perdu; on le fait mettre le lendemain dans la *Gazette des Tribunaux*, et plus tard cela se retrouve.

LUCEVAL.

Le prévenu dont je vous confie les intérêts sera un jour millionnaire...

COQUELET.

Diable!... Il a droit à des égards particuliers.

LUCEVAL.

La famille vous offre dix mille francs.

COQUELET.

C'est beaucoup... mais c'est égal, je les accepte...

LUCEVAL.

Je vais vous dire en deux mots de quoi il s'agit...

(Il le prend par le bras, et se promène avec lui dans la galerie tout en lui parlant à voix basse.)

SCÈNE IX.

LES MÊMES; GIROUX, Mme GIROUX, Mme SABATIER, descendant l'escalier soutenue par deux gendarmes.

GIROUX.

J'en étais sûr; encore un événement!

Mme GIROUX.

Ce n'est pas un événement... Une femme qui se trouve mal, ça se voit à chaque instant... c'est l'émotion.

(Le gendarme fait asseoir madame Sabatier sur une chaise qui se trouve auprès de l'escalier.)

GIROUX.

Eh! non, c'est la chaleur... on étouffe là-haut... (Au gendarme.) Donnez-lui de l'air à cette femme; il ne lui faut pas autre chose.

LE GENDARME, d'un ton brusque.

On n'a pas besoin de vos conseils.

GIROUX.

Je ne vous demande rien pour cela!... Est-il gentil... le chapeau galonné!...

Mme GIROUX, quittant madame Sabatier.

Ça n'aura point de suites ; elle est d'ailleurs en bonnes mains...

GIROUX.

Dis donc, ma femme, a-t-il bien parlé le témoin !...

Mme GIROUX.

Oui, le premier ; mais le second, il n'a rien dit... Est-ce qu'on devrait venir devant le monde quand on n'a rien à dire ?

GIROUX.

Tu as raison... Moi, si j'avais un jour le bonheur d'être témoin, comme j'en dirais... Tu m'as entendu dans l'affaire des fausses clefs... quand il a parlé de la gâchette du volet, je lui ai crié : L'espagnolette !... et le président m'a répondu : Silence !... Cependant quand on dit des bêtises...

Mme GIROUX.

C'est égal ; il faut les entendre par respect pour le tribunal... Ah ! çà, il y en aura encore pour longtemps là-dedans ; il faudrait prendre nos précautions.

(Le gendarme sort.)

AIR du vaudeville de Turenne.

Tu devrais bien, car la faim me tourmente,
Aller chercher quelque chose.

GIROUX.

Oui-dà.
J'demand'pas mieux.....

(Montrant madame Sabatier.)

Mais c'te dame est souffrante,
Ça m'fait d'la pein'de la quitter comm'ça...
Faudrait au moins s'informer de c'quelle a.

Mme GIROUX.

Bah ! son état ne m'cause plus d'alarme.

GIROUX.

Ell' doit au fait s'trouver en sûreté,

Puisque nous laissons sa santé
Sous la surveillanc' d'un gendarme.

(Il sort. Le gendarme rentre, portant un verre d'eau qu'il offre à madame Sabatier.)

Mme SABATIER, au gendarme.

Merci, gendarme... Mon Dieu! que d'humanité dans ce corps-là!

Mme GIROUX, à madame Sabatier.

Il paraît que cela va mieux...

Mme SABATIER.

Oui, je suis tout à fait remise... les idées me reviennent peu à peu. (Changeant de ton.) Où en est-on des dépositions?

Mme GIROUX.

Vous n'avez rien perdu d'intéressant.

Mme SABATIER.

Je crois, malgré cela, qu'il serait prudent de remonter... J'ai ma fille qui est là, avec M. Théophile, qui me garde une place... Si vous vouliez me donner le bras...

Mme GIROUX.

Avec plaisir... Nous sommes là à perdre notre temps pendant qu'il se dit peut-être des choses superbes.

(Elles remontent l'escalier de la Cour d'Assises.)

SCÈNE X.

LUCEVAL, COQUELET.

COQUELET.

C'est entendu... je me chargerai de l'affaire... M. Germeuil... je l'ai beaucoup connu; oui, je l'ai vu dans plusieurs sociétés, dans des bals... parbleu, à celui de mes noces; oui, je crois même qu'il a fait danser ma femme...

LUCEVAL.

Et vous espérez le sauver?...

COQUELET.

Ce sera difficile; mais, *in hoc triumphat oratio*, nous ferons tout notre possible... Écrivez-lui qu'un avocat distingué se charge de plaider sa cause, sans compromettre les personnes qui l'intéressent, et faites remettre ça par le gendarme, avec la permission du président.

LUCEVAL, écrivant sur son carnet.

Il va l'avoir dans l'instant.

(Il remet le papier au gendarme.)

COQUELET, portant la main à son front.

Je tiens là sa justification... Voilà mon exorde : « S'il est un spectacle digne de porter dans les âmes une émotion profonde, c'est celui d'un homme qui commence sa carrière, qui n'a encore posé, pour ainsi dire, qu'un pied sur le seuil de la vie, et qui se trouve sous le poids d'une accusation, etc... » (A Luceval.) Hein! qu'en pensez-vous?

LUCEVAL.

Mais c'est ce que vous deviez dire pour cette vieille femme, et vous l'appliquez à un jeune homme.

COQUELET.

Qu'importe?... l'éloquence n'a point d'âge...

AIR : Le luth galant, qui chanta les amours.

En y changeant quelques mots, quelques tours,
En tous les temps on place un bon discours;
Combien d'hommes d'État dont la France s'honore,
Qui n'en ont jamais qu'un bien ronflant, bien sonore;
Ça leur servait jadis, et ça leur sert encore,
Ça servira toujours.

Ah! çà, vous m'avez mis au courant de l'affaire que je vais plaider... je la possède à merveille... J'aurais cependant encore désiré quelques petits détails.

SCÈNE XI.

COQUELET, LUCEVAL, Mme DE MERCOURT, rentrant par le fond.

Mme DE MERCOURT, à part.

Je viens de renvoyer cette pauvre femme... Je l'ai forcée de partir pour sa terre de Choisy... J'aime mieux qu'elle attende là l'issue du procès... Personne ne sera témoin de son inquiétude, de ses larmes.

LUCEVAL, voyant madame de Mercourt, à Coquelet.

Eh! justement, voici Mme de Mercourt qui va vous les donner.

Mme DE MERCOURT, à Luceval.

Eh bien! monsieur?

LUCEVAL.

J'ai trouvé ce qu'il nous faut... J'ai communiqué l'affaire à un avocat distingué... M. Coquelet.

Mme DE MERCOURT, à voix basse.

M. Coquelet... le mari...

LUCEVAL, de même.

Dieu! qu'ai-je fait!

COQUELET, s'approchant et saluant.

C'est Mme de Mercourt, cette jeune et aimable veuve, dont j'ai déjà eu l'honneur d'être l'avocat.

Mme DE MERCOURT, avec embarras.

C'est possible, monsieur.

COQUELET.

Enchanté de pouvoir vous offrir encore mes services... mon confrère m'a promis que vous me fourniriez des explications sur certaines circonstances.

7.

Mme DE MERCOURT.

Il a eu tort... Je ne sais rien; je n'ai rien dit, et je ne puis comprendre...

LUCEVAL, à part.

Quel embarras!

COQUELET, s'arrêtant.

Pardon, en ma qualité d'avocat, je crois avoir des droits à votre confiance; les secrets que l'on nous communique ne sortent pas de nos dossiers... D'ailleurs, j'en sais assez pour que vous puissiez me dire le reste sans le moindre inconvénient.

Mme DE MERCOURT, à part.

Je suis au supplice.

COQUELET.

Il s'agit ici de l'intérêt de la cause... Avez-vous obtenu la déclaration dont nous avions besoin?

Mme DE MERCOURT, avec le plus grand embarras.

La déclaration?

COQUELET.

Oui, ce papier que vous venez de serrer.

Mme DE MERCOURT.

Un papier! je ne crois pas...

COQUELET.

Si fait... Mais il paraît que c'est un mystère. (A Luceval.) Je comprends... je n'insiste plus...

LUCEVAL.

Que voulez-vous dire?

COQUELET, bas à Luceval.

Que c'est elle qui est la dame en question...

LUCEVAL.

Quelle idée!

COQUELET, de même.

J'en suis sûr... Comme j'ai été son avocat, que je connais son écriture, elle ne veut pas me confier le billet, ni avouer devant moi ce qui en est.

LUCEVAL.

Quel soupçon !

COQUELET.

C'est égal... ça ne m'empêchera pas de gagner loyalement mes dix mille francs... Je plaiderai par supposition... vous entendez ?

LUCEVAL, distrait, et observant madame de Mercourt.

Parfaitement.

COQUELET, à Luceval.

Je dirai donc aux jurés : « Admettons que le prévenu ait été attiré par deux beaux yeux. » (Regardant madame de Mercourt, et à part.) C'est bien ça. (Haut.) « Une taille charmante... » (A part.) C'est bien ça... (Haut.) « Un sourire enchanteur... » (Bas.) C'est encore ça... (Haut.) En un mot, je désignerai la dame sans la nommer ; je présenterai la vérité sous la forme du doute ; je ferai un roman historique, d'autant qu'en ce moment ils sont à la mode... Mais, comme il est bon de se ménager toutes les chances, dites-lui qu'il n'est pas nécessaire que le billet passe par mes mains...

LUCEVAL.

C'est juste.

COQUELET.

Elle peut le faire remettre au président, ou à un des membres du jury... Je n'en demande pas davantage... Les apparences seront sauvées, et l'accusé aussi, par contre-coup.

LUCEVAL, d'un air préoccupé.

Oui, je vais tâcher de la décider.

COQUELET.

Air d'une Nuit au château.

Employez votre éloquence
Pour changer ses sentiments;
Moi, je vais à l'audience
Déployer tous mes talents.

LUCEVAL.

Rien qu'un tel soupçon me blesse.

Mme DE MERCOURT.

Hélas! mon trouble s'accroît.

COQUELET.

Cette cause m'intéresse.

Mme DE MERCOURT.

Bien plus encor qu'il ne croit.

Ensemble.

COQUELET.

Employez votre éloquence, etc.

LUCEVAL.

Je croyais à sa constance,
Je croyais à ses sermens;
Modérons en sa présence
Le trouble que je ressens.

Mme DE MERCOURT.

Ah! je tremble quand j'y pense;
Grand Dieu! que d'événemens!
Modérons en sa présence
Le trouble que je ressens.

(Coquelet sort par la galerie à droite.)

SCÈNE XII.

LUCEVAL, Mme DE MERCOURT, peu après BOMBÉ.

LUCEVAL.

Et vous avez voulu que je lui laissasse une erreur qui vous accuse !

Mme DE MERCOURT.

Il le fallait !... L'important, comme il le dit, est de faire parvenir cette lettre au jury... A qui nous adresser ?

LUCEVAL, apercevant Bombé qui entre.

Mais je vois un membre du jury !... (Courant à lui.) Eh bien ! monsieur, quelle nouvelle ?

BOMBÉ.

Grâce au ciel, il y avait unanimité... Aussi je m'en lave les mains... Ce n'est pas moi plus que les autres.

Mme DE MERCOURT.

Le jugement est prononcé ?

LUCEVAL.

Eh ! quoi, monsieur, l'affaire Germeuil ?...

BOMBÉ.

Elle vient de commencer.

Mme DE MERCOURT.

Dieu soit loué !... Et ce dont vous parliez tout à l'heure ?

BOMBÉ.

C'est la première cause... Vol avec effraction... En arrivera ce qu'il pourra... J'ai dit comme les trois derniers... j'ai dit : *Oui*.

LUCEVAL.

Comment, monsieur ?

BOMBÉ.

Que voulez-vous ?

Air du vaudeville du *Premier Prix*.

Pour juger avec certitude,
Et pour bien appliquer la loi,
Il faudrait en faire une étude...
Je n'en ai pas le temps, ma foi.
La justice est un art qu'on prouve
Et que démontre un professeur.
C'est dans les livres qu'on la trouve...

LUCEVAL.

Eh! non, monsieur, c'est dans son cœur.

Mme DE MERCOURT.

Et l'on vient d'appeler la cause de M. Germeuil ?

BOMBÉ.

Si vous aviez vu quelle sensation dans l'auditoire... surtout quand il a paru... Une tournure distinguée, de beaux cheveux noirs !... et on criait de tous côtés... « Assis, mesdames, assis... vos chapeaux empêchent de voir. » Car les chapeaux des dames, ça gêne au tribunal comme au spectacle... Je suis resté pour entendre la déposition de ma femme, qui était toute tremblante... Je n'ai jamais vu d'émotion pareille... A peine si on l'entendait, quand elle a dit : « Femme de M. Bombé, ingénieur-opticien, rue de l'Arbre-Sec. » On dit cela à voix haute, surtout quand l'assemblée est nombreuse... cela donne votre adresse... Elle aurait pu ajouter : « Fournisseur en chef de plusieurs académies des sciences, et breveté de plusieurs princes, grands personnages et gens d'état. »

Mme DE MERCOURT.

Et vous êtes sorti, après cela ?

BOMBÉ.

Oui, madame... D'après la déposition de ma femme, je m'étais récusé, comme intéressé à l'affaire.

LUCEVAL.

Comme juré, vous pouvez toujours approcher du siège du jury?

BOMBÉ.

Sans contredit... j'ai encore une affaire après celle-ci... et si elle se prolonge, je ne sais pas à quelle heure je vais dîner.

LUCEVAL.

Eh bien! monsieur... nous vous prions de remettre au président du jury la lettre que voici.

BOMBÉ, passant entre les deux.

Vous dites : cette lettre au président du jury.

Mme DE MERCOURT, passant auprès de Bombé.

Et aux jurés... en les priant de l'anéantir dès qu'ils en auront pris connaissance. (Bombé s'avance toujours vers l'escalier, tandis que madame de Mercourt lui parle, en le suivant.) Et ne perdez pas de temps, je vous prie... car cet écrit peut prouver l'innocence de Germeuil.

BOMBÉ, revenant.

Il n'est pas coupable?

Mme DE MERCOURT.

Non, monsieur... Ce vol dont on l'accuse, la nuit... à cette campagne, n'était autre chose qu'une intrigue amoureuse... un rendez-vous...

BOMBÉ, étonné.

Hein!... que dites-vous?

Mme DE MERCOURT.

Pas autre chose... Il a été arrêté dans la chambre de celle qu'il aimait.

BOMBÉ, à part.

La chambre de ma femme!

Mme DE MERCOURT.

Et par discrétion... par amour... il se laisserait condamner!... Pourriez-vous le souffrir ?...

BOMBÉ, à part, et se promenant avec agitation.

Oui, certainement...

Mme DE MERCOURT.

Que dites-vous ?

BOMBÉ, furieux.

Je dis, madame... je dis que je suis désolé de m'être récusé... et que je voudrais maintenant être juré... ne fût-ce que pour avoir le plaisir de le condamner... pour mon compte, et à mon bénéfice.

LUCEVAL et Mme DE MERCOURT, étonnés.

Mais qu'a-t-il donc?... Il a perdu la tête !

BOMBÉ.

Non... tout est découvert... c'est pour ma femme qu'il venait.

Mme DE MERCOURT.

Eh ! non, monsieur... ce n'est pas pour elle.

BOMBÉ.

C'était peut-être pour moi... une visite de cérémonie... à cette heure-là... à la campagne...

Mme DE MERCOURT.

Non, monsieur...

BOMBÉ, avec impatience.

Eh bien ! pour qui donc?

Mme DE MERCOURT, troublée.

Pour qui ?... Puisqu'il faut vous le dire... apprenez... (Voyant Coquelet qui rentre.) Dieu !... M. Coquelet !

SCÈNE XIII.

Les mêmes; COQUELET.

COQUELET, un mouchoir à la main.

Je n'en puis plus. Je n'ai jamais eu, je crois, de séance aussi chaude.

BOMBÉ, LUCEVAL, Mme DE MERCOURT.

Qu'y a-t-il ?...

COQUELET, s'éventant.

J'ai été content de moi... Tour à tour gracieux, pathétique, éloquent, mon exorde surtout... a produit un effet...

Mme DE MERCOURT, vivement.

Sur les juges?

LUCEVAL, de même.

Sur l'assemblée ?

COQUELET.

Oui, mais surtout sur l'accusé... Dès qu'il m'a vu entrer, dès le premier mot que j'ai prononcé en sa faveur, avec cet accent de la conviction... il s'est mis à rougir, à pâlir; il était dans une agitation qui m'a électrisé... J'ai été beau!... je crois avoir été beau!

LUCEVAL.

Et l'affaire?... qu'en pensez-vous ?

COQUELET.

Je ne la crois pas aussi belle que mon plaidoyer... La séance a été suspendue pour un instant, et j'en profite pour respirer... Mais j'ai bien peur pour mes dix mille francs... Nous n'avons personne qui témoigne en faveur de l'accusé... J'ai été obligé d'invoquer, pour sa défense, des probabilités, des conjectures que chacun est libre de ne pas admettre... Au lieu que si nous avions seulement un fait positif... quelques preuves orales ou écrites...

LUCEVAL, vivement, montrant M. Bombé.

Eh bien ! monsieur en a entre les mains...

COQUELET.

Il se pourrait...

BOMBÉ, montrant la lettre.

Mais je les garde, et pour cause.

LUCEVAL, allant à Bombé.

Vous les rendrez, et à l'instant même.

BOMBÉ.

C'est ce que nous verrons.

COQUELET.

Jeune homme, de la modération, et laissez-moi faire. (Passant près de Bombé, et avec un accent déclamatoire.) Comment, monsieur, vous pouvez éclairer la justice et vous ne le voulez pas ! Vous vous obstinez à laisser la lumière sous le boisseau et les juges dans les ténèbres ! Que signifient cette indifférence coupable, cet oubli de tous les devoirs ?

BOMBÉ.

Cela signifie, monsieur, qu'il y a là-dedans quelque chose... que je n'ai pas besoin d'apprendre à tout le monde... des choses qui me regardent, et qui ne vous regardent pas...

COQUELET, de même.

Cela nous regarde tous... et vous n'êtes pas le maître de soustraire à la connaissance des jurés un fait qui intéresse l'honneur d'un citoyen.

BOMBÉ.

Et si cela compromet le mien ?

COQUELET.

Que dit-il ?

LUCEVAL, bas à Coquelet.

Il soupçonne cette lettre... d'être de la main de sa femme.

COQUELET, à part.

Ah ! mon Dieu !...

BOMBÉ, décachetant la lettre.

C'est ce dont je vais m'assurer.

LUCEVAL, passant auprès de Bombé.

Je ne le souffrirai pas...

COQUELET, continuant avec enthousiasme.

Laissez, jeune homme... laissez... (A Bombé.) Eh ! qu'importe !... et quand il serait vrai !... vos affections domestiques ou particulières doivent-elles l'emporter sur des considérations générales... sur l'intérêt de la justice... *salus innocentis ante omnia*; et au nom de la société... et de la morale...

(Il prend à Coquelet un accès de toux qui le force à s'arrêter. Pendant ce temps, Bombé, malgré les efforts de Luceval, a parcouru la lettre et regardé la signature.)

BOMBÉ, à voix basse, à Luceval.

Dieu ! qu'ai-je vu !... C'est de madame Coquelet... c'est sa femme.

LUCEVAL, stupéfait.

Que dites-vous ?

Mme DE MERCOURT et LUCEVAL.

Silence !...

(Luceval repasse à la droite de Coquelet.)

COQUELET, qui s'est retourné pour tousser, reprend avec une nouvelle force.

Oui, je l'ai dit et je le répète... quelques dommages ou inconvénients qu'il en puisse résulter pour nous ou pour les autres... rien ne doit nous empêcher de sauver un innocent ou de punir un coupable.

BOMBÉ.

Écoutez donc, monsieur Coquelet, vous m'en direz tant...

COQUELET, avec joie, à Madame de Mercourt.

Il est ébranlé. (Reprenant avec force.) La justice d'abord, la famille ensuite ; et ce Romain condamnant ses fils à mort est un assez bel exemple pour tous les jurés présents et à venir !

Ensemble.

Mme DE MERCOURT, LUCEVAL et COQUELET.

AIR du ballet de *la Somnambule.*

Partez, l'instant est pressant ;
Cédez au vœu qu'on exprime.
Peut-on hésiter sans crime
A sauver un innocent ?

BOMBÉ.

Partons, l'instant est pressant ;
Cédons au vœu qu'on exprime.
Peut-on hésiter sans crime
A sauver un innocent ?

(Bombé rentre dans la Cour d'Assises.)

SCÈNE XIV.

LUCEVAL, Mme DE MERCOURT, COQUELET.

COQUELET.

Victoire !... ce n'est pas sans peine... Il m'a donné plus de mal à lui tout seul que toute une cour royale.

Mme DE MERCOURT.

Pourvu qu'il soit encore temps... et que la vérité n'arrive pas trop tard !

COQUELET, à Luceval.

En tout cas, ce n'est pas ma faute... Vous pouvez l'attester à la famille.

LUCEVAL.

Oui, certainement.

SCÈNE XV.

Les mêmes ; Mme GIROUX, sortant du tribunal en se disputant.

Mme GIROUX.

C'est une injustice... Vous avez beau me menacer... ça n'y fera rien... Il y aurait deux huissiers de plus... que je dirais encore : C'est une injustice !

Mme DE MERCOURT.

Qu'est-ce donc ?

Mme GIROUX.

Les huissiers qui m'ont fait sortir de la salle sous prétexte que je troublais l'ordre... et tout ça parce que je n'ai pas un cachemire, ni un saule pleureur ; sans cela je pourrais parler à mon aise... mais les bonnets ronds sont toujours victimes.

LUCEVAL.

Vous parliez donc ?

Mme GIROUX.

Du tout ; je me disputais avec la fruitière, ma voisine, parce que je soutenais, et je soutiens encore, que l'accusé est coupable.

Mme DE MERCOURT.

O ciel !

Mme GIROUX.

C'est évident. Il ne dit rien, c'est qu'il est fautif... Que diable, on parle ; on fait des phrases : moi j'en ferais bien... Pourquoi allait-il la nuit dans cette chambre... par la croisée... sur l'air : *M. l'abbé, où allez-vous ?* La fruitière objecte à cela : « Mais il est riche ! » Qu'est-ce que cela prouve ? Il y en a tant qui le sont plus que lui, et qui tous les jours opèrent en grand

COQUELET.

Voilà une femme qui a manqué sa vocation... elle devrait être avocat...

Mme GIROUX.

Et pourquoi pas, *Moustapha ?* est-ce parce que je n'ai pas une robe noire ?... J'en aurais bientôt une si je portais comme lui le deuil de mes procès.

LUCEVAL.

Madame Giroux !

Mme GIROUX.

Non... c'est qu'il a un air...

LUCEVAL.

Madame Giroux... où en était-on ? Les jurés étaient-ils entrés dans la chambre des délibérations ?

Mme GIROUX.

Pas encore... (Montrant Coquelet.) Après l'allocution de monsieur qui a remué la tête et les bras, en guise de télégraphe qui annonce une mauvaise nouvelle... le président a pris la parole...

LUCEVAL à Madame de Mercourt.

C'est bien... on en était au résumé du président.

COQUELET.

Nous avons du temps... car, par bonheur, il a l'habitude d'être long.

Mme GIROUX.

Oui, mais aujourd'hui il se dépêchait... Il allait un train de poste. Apparemment qu'il avait affaire... ou qu'il allait dîner en ville.

SCÈNE XVI.

Les mêmes ; Mme BOMBÉ.

(Elle descend l'escalier; Luceval, Coquelet, Madame de Mercourt vont au-devant d'elle avec empressement.)

LUCEVAL et Mme DE MERCOURT.

Quelle nouvelle ? parlez vite.

Mme BOMBÉ.

Tout est fini ! Les jurés ont prononcé.

TOUS.

Eh bien ?...

Mme BOMBÉ.

Leur déclaration est contraire à l'accusé...

Mme DE MERCOURT.

Grand Dieu !...

Mme GIROUX.

Là ! je disais bien qu'il était coupable !

LUCEVAL.

Et elle est unanime ?

Mme BOMBÉ.

Hélas ! oui...

LUCEVAL.

Ainsi, pas moyen d'espérer du côté du tribuna...

Mme GIROUX.

Le pauvre cher homme !

COQUELET.

Vous le plaignez maintenant...

Mme GIROUX.

Croyez-vous donc que j'aie mauvais cœur ?

COQUELET.

« Moi qui avais dépensé tant d'éloquence! qui avais produit tant d'impression... C'est ce M. Bombé qui est cause de tout... avec ses hésitations.

Mme BOMBÉ.

Il n'en fait jamais d'autres... tout l'auditoire est attendri... La Chaussée d'Antin est consternée.

Mme DE MERCOURT, à Luceval.

Ah! que j'étais loin de m'attendre à ce résultat! Quel malheur pour notre famille!...

LUCEVAL.

Du courage!

Mme GIROUX, regardant du côté de la salle.

Eh! pourquoi donc que le public ne s'en va pas?

Mme BOMBÉ.

C'est que le jugement n'est pas encore prononcé : le chef des jurés avait omis de signer la déclaration qu'il a remise...

Mme GIROUX.

Comme l'autre jour dans l'affaire *Tremeuil*.

Mme BOMBÉ.

Et ces messieurs sont rentrés dans la chambre des délibérations pour réparer cet oubli... Ce n'est qu'une formalité... et dans un instant...

(On entend applaudir dans la coulisse.)

COQUELET.

Que signifie ce bruit?

LUCEVAL.

Je crois avoir entendu des applaudissements.

Mme DE MERCOURT, écoutant.

Vous ne vous êtes pas trompé.

COQUELET.

On applaudit encore.

Mme GIROUX.

C'est que le public est content du tribunal, et qu'on vient de lire la sentence.

SCÈNE XVII.

LES MÊMES; BOMBÉ; Mme SABATIER, descendant précipitamment l'escalier avec NANINE.

Mme SABATIER.

Il est sauvé !

COQUELET.

Mon client ?

Mme DE MERCOURT.

M. Germeuil ?

Mme SABATIER.

Lui-même... C'est le résultat le plus imprévu, l'événement le plus extraordinaire... Condamné d'abord, acquitté ensuite... Ça donne un coup... puis un contre-coup... J'en suis tout étourdie... Ce sont de ces secousses auxquelles ne résiste pas l'âme la mieux constituée.

LUCEVAL.

Le jury est donc revenu sur sa première déclaration?...

BOMBÉ.

Eh ! oui, sans doute... c'est l'effet de la lettre.

TOUS.

Quel bonheur !

SCÈNE XVIII.

Les mêmes; GIROUX, puis Le Public de la Cour d'Assises et Un Huissier.

GIROUX, en entrant.

Quelle indignité!... ça n'a pas de nom... c'est une abomination.

(Il se place entre sa femme et Luceval.)
Mme GIROUX.

Qu'est-ce donc que tu as, mon homme !

GIROUX.

Je ne me connais plus ! je suis furieux.

Mme GIROUX.

De ce que le prévenu est acquitté ?

GIROUX.

Qu'est-ce que ça me fait ?... La voisine Thomas vient de me dire que, pendant que j'étais à l'audience, des voleurs s'étaient introduits dans ma boutique.

Mme GIROUX.

Ah ! mon Dieu !

GIROUX.

C'est peut-être les amis de celui-là... la même bande... Sans le voisin Pichon, nous étions dévalisés.

Mme SABATIER.

Ah! mon Dieu !... et mon mouchoir... je ne l'ai plus... On me l'aura pris à l'audience, pendant que je me trouvais mal...

GIROUX.

Vous l'entendez... ils osent travailler en présence même des juges !...

Mme SABATIER.

Ma fille, donne-moi le tien... (Elle veut prendre le mouchoir de Nanine dans son sac, elle prend un billet.) Comment, mademoiselle, un billet dans votre sac ?

NANINE.

Je vous jure, maman, que je ne m'en étais pas aperçue.

Mme SABATIER.

Qui vous l'a remis ?

NANINE.

Je n'en sais rien... mais ce doit être M. Théophile... Il l'aura glissé là, dans le moment où M. le procureur du Roi faisait de la morale... et j'écoutais si attentivement...

Mme SABATIER, criant.

Emmenez donc vos enfants avec vous !... Une autre fois, mademoiselle, vous resterez à la maison.

LUCEVAL.

Et vous ferez bien.

GIROUX, à sa femme.

Et toi aussi.

Mme GIROUX.

C'est ce qu'on verra...

TOUS LES HOMMES DU PEUPLE, aux femmes.

Et vous aussi, vous resterez...

L'HUISSIER, paraissant.

Silence, messieurs et mesdames ; et n'encombrez pas la grand'salle.

BOMBÉ.

Il a raison... partons... Allons nous mettre à table.

L'HUISSIER, à Bombé.

On attend M. Bombé au tribunal.

BOMBÉ.

Ah ! mon Dieu !... cette dernière cause... je n'y pensais

plus... et commencer à près de six heures... C'est fini, je ne dînerai pas aujourd'hui.

TOUS.

Il est six heures... allons dîner.

VAUDEVILLE.

AIR nouveau de M. HEUDIER.

Mme SABATIER.

Contre un accusé que de chances !
Son avocat a des absences,
Ou le juge a mal déjeuné...
Condamné !

TOUS.
Condamné !

Mme SABATIER.

Mais si le juge, plus facile,
Alla la veille au Vaudeville
Et garde un reste de gaîté...
Acquitté !

TOUS.

Acquitté !
Quel bonheur ! il est acquitté !

BOMBÉ.

Ce malade est millionnaire :
Comme sa santé nous est chère,
Six docteurs l'ont environné...
Condamné !

TOUS.
Condamné !

BOMBÉ.

Il ne reste plus d'espérance :
Il croyait subir sa sentence,
Mais ses docteurs l'ont déserté...
Acquitté !

TOUS.

Acquitté !
Quel bonheur ! il est acquitté !

Mme BOMBÉ.

Regrettant le temps de nos pères,
On crie au progrès des lumières :
Le siècle est trop illuminé...
Condamné !

TOUS.

Condamné !

Mme BOMBÉ.

Mais on te doit, siècle fertile,
Gigots, manches à l'imbécile,
Et les chapeaux à l'éventé...
Acquitté !

TOUS.

Acquitté !
Quel bonheur ! il est acquitté !

GIROUX.

Lisez l's annales d'la justice,
Vous direz : il faut qu'on sévisse
Contr' ce coquin déterminé..
Condamné !

TOUS.

Condamné !

GIROUX.

Mais si vous lisez ses mémoires,
Vous direz : c'étaient des histoires ;
Il n'volait que par probité...
Acquitté !

TOUS.

Acquitté !
Quel bonheur ! il est acquitté !

COQUELET.

On annonce une œuvre tragique

D'un camarade romantique :
Des Français je plains l'abonné...
             Condamné !

             TOUS.
             Condamné !

             COQUELET.
Mais tout prêt à subir sa peine,
Au premier vers qu'on dit en scène,
Il s'endort avec volupté...
             Acquitté !

             TOUS.
             Acquitté !
Quel bonheur ! il est acquitté

             LUCEVAL.
Cette nymphe belle et peu sage
Roule en un brillant équipage,
Et je vois son luxe effréné...
             Condamné !

             TOUS.
             Condamné !

             LUCEVAL.
Oui, ce faste nous importune ;
Mais quelquefois de sa fortune
Les malheureux ont profité...
             Acquitté !

             TOUS.
             Acquitté !
Quel bonheur ! il est acquitté !

             Mme DE MERCOURT.
Si c'est un tribunal sévère
Qui nous juge dans cette affaire,
Je vois notre auteur consterné,
             Condamné !

             TOUS.
             Condamné !

Mme DE MERCOURT.

Mais si, pour dicter la sentence,
Messieurs, vous laissez l'indulgence
Parler plus haut que l'équité...
    Acquitté !

TOUS.

Acquitté !
Quel bonheur ! il est acquitté !

LA SECONDE ANNÉE

ou

A QUI LA FAUTE

COMÉDIE-VAUDEVILLE EN UN ACTE

EN SOCIÉTÉ AVEC M. MÉLESVILLE.

THÉATRE DE S. A. R. MADAME. — 12 Janvier 1830.

| PERSONNAGES. | ACTEURS. |

DENNEVILLE, banquier. . . . . MM. GONTIER.
EDMOND, comte de Saint-Elme, ami de Denneville. . . . . ALLAN.
GERVAULT, caissier de Denneville. . . . . . FIRMIN.

CAROLINE, femme de M. Denneville . . . . Mlle LÉONTINE FAY.

A Paris, dans la maison de Denneville.

LA SECONDE ANNÉE
o
A QUI LA FAUTE

Un appartement richement décoré. Le fond est occupé par une cheminée aux deux côtés de laquelle sont deux portes ; la porte à droite de l'acteur est celle du dehors. Deux portes latérales ; la porte à gauche de l'acteur est celle de l'appartement de Caroline ; l'autre, celle d'un cabinet ; auprès de celle-ci, une table en forme de bureau, chargée de papiers ; auprès de la porte à gauche, une psyché.

SCÈNE PREMIÈRE.

DENNEVILLE, en habit du matin, devant son bureau ; puis GERVAULT, qui entre un instant après.

DENNEVILLE.

Voilà mon courrier terminé, je puis maintenant m'amuser jusqu'à ce soir. Il est si difficile de mener de front les affaires et les plaisirs ! Les unes prennent tant de place, que j'ai toujours peur qu'il n'en reste plus pour les autres. (Voyant Gervault qui entre un carnet à la main.) Ah ! c'est toi, Gervault. Voilà notre courrier, j'ai tout signé.

GERVAULT.

On vous propose du papier sur Vienne.

DENNEVILLE.

Je le prendrai.

GERVAULT, tenant des liasses d'effets.

On vous propose des espagnols.

DENNEVILLE.

Je n'en veux pas. Dis qu'on me tienne au courant du nouvel emprunt. Les agents de change sont-ils venus ce matin?

GERVAULT.

Il y en a quatre qui vous attendent, ceux d'hier.

DENNEVILLE.

Je n'ai pas le temps de les voir, je suis pressé. Dis-leur que je vendrai aujourd'hui. Il nous faut une baisse pour après-demain. Edmond est-il venu?

GERVAULT.

M. le comte de Saint-Elme, ce jeune homme si élégant? il n'a pas encore paru. Mais madame vous a fait demander deux fois.

DENNEVILLE.

Ah! ma femme!

GERVAULT.

Et elle a été obligée de déjeuner sans vous.

DENNEVILLE.

C'est sa faute.

AIR du vaudeville de *Partie et Revanche*.

A m'attendre elle est obstinée.

GERVAULT.

Elle a cru bien faire.

DENNEVILLE.

Pourquoi?

J'ai dit cent fois que dans la matinée
Je voulais demeurer chez moi.
Oui, le matin, dans son ménage
Être seul est parfois très-bon ;
Et c'est, depuis mon mariage,
Le seul instant où je me crois garçon.

(Il se lève.)

Mais j'avais écrit à Edmond. Pourquoi ne vient-il pas?

GERVAULT.

Monsieur ne peut pas s'en passer.

DENNEVILLE.

C'est vrai; quand je ne le vois pas le matin, je ne sais comment employer ma journée.

GERVAULT.

Est-ce que vous n'irez pas à la Bourse?

DENNEVILLE.

Non, tu iras, toi; n'es-tu pas mon meilleur et mon plus ancien commis? Garçon de caisse sous mon père, tu as toute ma confiance. Ton mérite seul t'a fait monter en grade, et quand tu es là, je suis tranquille.

GERVAULT.

Et moi, je ne le suis pas.

DENNEVILLE.

Pourquoi donc?

GERVAULT.

Ah! mon cher patron, mon cher patron, cela va mal.

DENNEVILLE.

Ce n'est pas l'avis de mes livres de comptes, et il me semble que ma fortune...

GERVAULT.

Ce n'est pas cela dont je veux parler. Jeune encore, vous êtes un des premiers banquiers de Paris; et, grâce à moi, je puis le dire, une bonne et sage administration règne encore dans vos bureaux; mais rien ne vaut l'œil du maître, et tôt ou tard la dissipation et le désordre intérieur amènent celui des affaires.

DENNEVILLE.

Comment!...

GERVAULT.

Ah! dame, monsieur, je ne connais ni les compliments ni la flatterie; je ne connais que mes livres; je suis exact et sévère comme mes chiffres, et tout ce que je dis est vrai, comme deux et deux font quatre.

DENNEVILLE.

Eh bien! voyons, qu'est-ce que tu dis?

GERVAULT.

Beaucoup de choses, beaucoup trop. Voilà deux ans que vous êtes marié.

DENNEVILLE.

C'est-à-dire deux ans... Il y a plus que cela.

GERVAULT.

Non, monsieur, car c'est aujourd'hui même, cinq février, l'anniversaire de votre mariage....

DENNEVILLE.

C'est, ma foi, vrai; je ne l'aurais jamais cru.

GERVAULT.

J'ai eu l'honneur de dire à monsieur que, pour ce qui était des chiffres, je ne me trompais jamais. Nous voici donc à la fin de la seconde année : une femme charmante, que vous avez épousée par inclination, car vous l'adoriez, on vous la refusait, et vous vouliez l'enlever; ce que j'appelais alors une folie, parce que je n'aime pas les soustractions de ce genre-là. Enfin votre amour était au plus haut degré. Cela s'est maintenu pendant le premier semestre, cela a un peu baissé pendant le second. N'importe, la fin de l'année était bonne, c'était un cours très-raisonnable; cours moyen auquel il fallait se tenir pour être heureux. Mais la seconde année, ce n'était plus ça ; les bals, les soirées, les spectacles...

DENNEVILLE.

Pouvais-je refuser à ma femme les plaisirs de son âge ?

GERVAULT.

Laissez donc ! c'était autant pour vous que pour elle, car vous la laissiez sortir avec sa tante, tandis que vous alliez de votre côté ; et maintes fois, depuis, j'ai cru voir...

DENNEVILLE.

Qu'est-ce que c'est ?

GERVAULT.

AIR du vaudeville des *Frères de lait*.

Pardon, monsieur, de l'excès de mon zèle ;
Ce que j'en dis était pour votre bien.
Quoi qu'ait pu voir un serviteur fidèle,
Il pense en lui, mais ne dit jamais rien,
De ce qu'il pense il ne dit jamais rien.
Je suis muet quand ça vous intéresse,
Et, vous pouvez en croire mon honneur,
Votre or n'est pas mieux gardé dans ma caisse
Que vos secrets ne le sont dans mon cœur !

DENNEVILLE.

Je te crois, mon cher Gervault, et j'ai en toi une confiance aveugle. Mais rassure-toi, tu te trompes.

(Il va à son bureau.)

GERVAULT.

Je le désire, monsieur. En attendant, voici cette parure en diamants que vous m'avez dit d'acheter chez Franchet, rue Vivienne.

(Il lui montre un écrin.)

DENNEVILLE.

C'est bien.

(Il prend l'écrin.)

GERVAULT.

Elle coûte dix mille francs, monsieur; dix mille francs, écus.

DENNEVILLE.

Ce n'est rien.

GERVAULT.

Ce n'est rien à recevoir; mais quand il faut payer, ça fait bien de l'argent.

DENNEVILLE.

Je réparerai cela avec quelques économies. (Il serre l'écrin dans le tiroir de son bureau.) J'ai deux chevaux anglais, que je veux vendre. (Venant auprès de Gervault.) Surtout, du silence!

GERVAULT.

Vous pouvez être tranquille. Mais voilà ce qui me désole, monsieur; quand il y a dans un ménage le chapitre des dépenses secrètes, quand elles ne sont point tenues ostensiblement, et à parties doubles, cela va toujours mal.

DENNEVILLE.

Quelle idée!

GERVAULT.

Tenez, monsieur, voilà quarante ans que j'ai épousé madame Gervault. Elle n'était pas aimable tous les jours, vous le savez; mais c'est égal, je lui ai toujours été fidèle, sinon pour elle, du moins pour moi. Quand monsieur trompe madame, madame trompe monsieur. L'un va de son côté, l'autre va du sien. Il n'y a plus unité d'intérêts, ni de dépense; il n'y a plus d'accord, plus d'ordre et de bonheur. A qui la faute? A celui des deux qui a commencé; car, dans un ménage, dès qu'un et un font trois, on ne peut plus se retrouver.

DENNEVILLE.

Tu as peut-être raison.

GERVAULT, avec chaleur.

Oui, sans doute, et si vous voulez m'en croire...
(Edmond entre en ce moment.)

SCÈNE II.

EDMOND, DENNEVILLE, GERVAULT.

DENNEVILLE, apercevant Edmond.

Eh! le voilà, ce cher ami!

GERVAULT, à part.

C'est fini, tous mes calculs sont renversés.

DENNEVILLE.

Je t'attendais avec impatience!

EDMOND.

Ce n'est pas ma faute; je rentre à l'instant, et reçois ta lettre.

DENNEVILLE.

J'ai tant de choses à te confier! (A Gervault.) Mon cher Gervault!

AIR : Ces postillons sont d'une maladresse.

N'oubliez pas ce courrier, cela presse :
Dans un instant il faut qu'il soit parti.
(Il va auprès de la cheminée avec Edmond; ils causent bas.)

GERVAULT.

J'entends, monsieur, j'entends et je vous laisse
Avec votre meilleur ami,
L'ami du cœur, l'unique favori.
(A part.)
Dès qu'il est là, je dois quitter la place;
Car mes sermons ne sont plus écoutés,
(Prenant une liasse d'effets.)
Et ma morale est mise dans la classe
Des effets protestés!
(Il sort.)

SCÈNE III.

EDMOND, DENNEVILLE.

DENNEVILLE.

Comment étais-tu donc sorti de si bonne heure? car nous nous étions couchés hier au milieu de la nuit.

EDMOND.

J'avais, ce matin, des emplettes à faire.

DENNEVILLE.

Je tenais à te parler avant de voir ma femme, car j'ai besoin de toi, et il faut que nous convenions de nos faits.

EDMOND.

Me voilà ! trop heureux d'obliger un ami.

DENNEVILLE.

A charge de revanche : parce que nous autres garçons... Quand je dis *garçons*, c'est tout comme, je le suis par caractère... Eh bien ! mon ami, cette beauté si sévère, cette vertu invincible s'est enfin humanisée.

EDMOND.

Je t'en fais compliment.

DENNEVILLE.

Ce n'est pas sans peine. Il y avait des rivaux : lord Albermal, et le comte de Scherédof. Ces Russes, maintenant, on les trouve partout, depuis Andrinople jusqu'aux coulisses de l'Opéra.

EDMOND, riant.

Que veux-tu? l'esprit de conquête !

DENNEVILLE.

Elle a un jeune parent à Vienne, pour qui elle désirerait des lettres de recommandation. Je lui en ai proposé à con-

dition qu'elle viendrait aujourd'hui me les demander elle-
même.

ÉDMOND, avec joie.

Et elle viendra?

DENNEVILLE, à demi-voix.

C'est convenu, à trois heures, et moi qui connais les usages et la politesse...

AIR d'Aristippe.

Fidèle à l'amour qui m'invite,
J'irai, solliciteur discret,
J'irai lui rendre sa visite,
Dès ce soir, après le ballet.

EDMOND.

Quoi ! vraiment, après le ballet !

DENNEVILLE.

C'est l'instant où chaque déesse
Des mortels écoute la voix.
L'heure a sonné, la divinité cesse,
L'humanité reprend ses droits.

EDMOND.

Je n'en reviens pas !

DENNEVILLE.

Bien plus, nous devons souper ensemble.

EDMOND, tirant de la poche de son gilet une lettre, qu'il y remet aussitôt.

C'est donc cela dont tu me parlais dans ta lettre : ce souper avec une jolie femme, je n'y concevais rien.

DENNEVILLE.

Oui, mon ami ; et vu qu'en tout il faut de l'ordre et de l'économie, si, comme je te l'ai écrit, tu as toujours envie du *Prince de Galles*, mon cheval anglais, qui m'est inutile, et dont je veux me défaire, je te donne la préférence.

EDMOND.
Volontiers, je te remercie.

DENNEVILLE, vivement.
Nous en parlerons plus tard. Ce n'est pas de cela qu'il s'agit ; il faudrait, pour bien faire, que tantôt, à trois heures, je fusse seul ici, et pour cela je n'espère qu'en toi.

EDMOND.
Et comment ?

DENNEVILLE.
Si, tout à l'heure, négligemment, et sans faire semblant de rien, tu me proposais à moi, et à ma femme, une promenade au Bois, au milieu de la journée, nous accepterions.

EDMOND.
La belle avance !

DENNEVILLE.
Attends donc. Au moment de partir, il me surviendrait une affaire imprévue, un banquier en a toujours à volonté. Me voilà obligé de rester, ce qui est très contrariant ; mais les chevaux sont mis, je ne veux pas empêcher ma femme de sortir, et c'est toi qui l'accompagneras dans ma calèche.

EDMOND.
Mais, mon ami...

DENNEVILLE.
A moins que tu n'aimes mieux monter le *Prince de Galles*, et escorter ma femme en écuyer cavalcadour.

EDMOND.
Mais, permets donc...

AIR : De sommeiller encor, ma chère. (*Arlequin Joseph.*)

La bienséance, la morale...

DENNEVILLE.
C'est pour elle ce que j'en fais.
Par ce moyen, pas de scandale,

Rien ne trahira mes projets.
Par l'intention la plus pure
Je suis guidé ; sois-le par l'amitié.
Je te rendrai ça, je le jure,
Dès que tu seras marié !

EDMOND.

Si tu le veux absolument...

DENNEVILLE.

Je veux plus encore ; j'attends de toi un bien autre service... Ne vas-tu pas ce soir au bal chez madame de Merteuil, la tante de ma femme ?

EDMOND.

J'y suis invité.

DENNEVILLE.

Tu sais que, de cette année, je suis brouillé avec elle.

EDMOND.

C'est ce qui m'étonne : une femme si aimable, et d'un si grand mérite !

DENNEVILLE.

C'est vrai. Des principes sûrs, excellents, une très-bonne maison pour une jeune femme. Mais il fallait y aller deux fois par semaine, c'était gênant ; tandis que, me brouillant avec elle, je n'empêche pas ma femme de voir sa tante, sa seconde mère ; je suis trop juste pour cela. J'exige même qu'elle s'y rende exactement tous les lundis et vendredis, jours d'Opéra ; et, au lieu de deux soirées d'ennui, j'y gagne deux soirées de liberté.

EDMOND.

C'est assez bien calculé.

DENNEVILLE.

N'est-il pas vrai ? Par exemple, je vais toujours le soir la chercher ; mais aujourd'hui, ce sera bien gênant, tu comprends ?

9.

EDMOND.

Parfaitement.

DENNEVILLE.

Et si tu voulais lui servir de chevalier, la ramener...

EDMOND.

Permets donc... tu disposes ainsi de moi ! j'avais peut-être des projets.

DENNEVILLE.

C'est un service d'ami, c'est le moyen que ma femme ne se doute de rien ; car cette pauvre Caroline, je serais désolé de lui causer la moindre peine, de troubler son repos ! et si je savais que cette aventure dût jamais venir à sa connaissance, j'aimerais mieux y renoncer.

EDMOND, vivement.

Y penses-tu ?

DENNEVILLE.

Oui, mon ami, ma femme avant tout ! (Souriant.) Ce serait dommage, cependant, parce que cette petite Zilia est si piquante, si jolie... moins que ma femme, j'en conviens ; mais c'est un caprice, une idée.

EDMOND.

Comme tu en as souvent.

DENNEVILLE.

C'est la dernière, je te le jure ; et puis cela n'empêche pas d'aimer sa femme : au contraire.

AIR du vaudeville de *Turenne*.

C'est un trésor qu'un mari peu fidèle ;
   La femme y gagne cent pour cent :
De soins, d'égards, on redouble pour elle ;
Car, à la fois volage et repentant,
On lui revient plus tendre et plus galant.
   On la chérit au fond de l'âme,
   En raison des torts que l'on a ;

Et c'est peut-être pour cela
Que j'adore toujours ma femme !

Toi garçon, tu ne comprends pas cela.

EDMOND.

Si, vraiment ; mais il me répugne d'être ton complice.

DENNEVILLE.

En revanche, je te servirai, dans l'occasion, auprès de tes comtesses et de tes duchesses, car tu es étonnant dans tes amours : tu ne tiens pas à t'amuser, il te faut trois cents ans de noblesse, et voilà tout.

EDMOND.

Quelle idée ! Tu n'as que cela à me répéter, hier encore devant ta femme...

DENNEVILLE.

C'est que cela est vrai, c'est par grâce que tu descends jusqu'à la Chaussée d'Antin. Moi, je préférerais de la beauté, de la gentillesse ; toi, des titres et des armoiries. Je prends mes maîtresses dans les chœurs de l'Opéra, et toi, dans l'*Almanach Royal*; chacun son goût... Je ne te blâme pas, mais je blâme ta discrétion ; je ne te cache rien, je te dis tout ; et toi, tu fais le mystérieux avec moi, ton meilleur ami, et ton banquier !

EDMOND.

Tu te trompes.

DENNEVILLE.

Non pas, je m'y connais, et pendant longtemps je t'ai vu triste, malheureux, tu ne prenais plus plaisir à rien, tu refusais toutes nos parties, tu ne dépensais plus d'argent ; enfin, mon ami, tu te dérangeais.

EDMOND.

C'est vrai, j'étais amoureux, et sans espoir.

DENNEVILLE.

Dans l'*Almanach Royal?*

EDMOND, hésitant.

Oui, oui, mon ami ; une femme charmante, jeune, aimable, vertueuse, d'autant plus difficile à vaincre, qu'elle n'était ni prude, ni dévote, ni coquette, mais sincèrement attachée à ses devoirs.

DENNEVILLE.

C'est là le diable. Cependant cela va mieux ; car, depuis deux ou trois jours, je te vois une physionomie à succès.

EDMOND.

Oui, les circonstances sont venues à mon aide. Je crois qu'on me voit d'un œil plus favorable, on commence à se plaire avec moi. Hier, enfin, hier soir, enhardi par un regard qui était presque tendre, j'ai hasardé une déclaration.

DENNEVILLE.

De vive voix ?

EDMOND.

Non, non, je n'aurais pas osé ; mais j'ai glissé un billet.

DENNEVILLE.

Qu'elle a accepté ?

EDMOND.

Oui, vraiment.

DENNEVILLE.

Bravo ! c'est très-bien, il faut continuer.

EDMOND.

C'est ce que je veux faire.

DENNEVILLE.

A la bonne heure ! profite de tes avantages. (On entend sonner à deux reprises dans l'appartement de Caroline.) C'est dans la chambre de ma femme. Autrefois, quand j'étais garçon, j'avais fait des études sur les sonnettes des dames ; j'aurais distingué, à la seule audition, le sentiment qui animait les personnes : c'est une musique comme une autre.

AIR du vaudeville du *Premier prix.*

Presto, presto, quand une belle
Veut sa toilette ou ses bijoux ;
Dolce, dolce, quand elle appelle
Pour que l'on porte un billet doux ;
Forte, c'est lorsque la sagesse
Se fâche et ne peut pardonner.
Piano, c'est lorsque la tendresse
Retient la main qui va sonner.

(On sonne une seconde fois plus fort et plus précipitamment.)

Tiens, dans ce moment, ma femme s'impatiente ; il faut que ce soit un événement de la plus haute importance.

SCÈNE IV.

EDMOND, DENNEVILLE, CAROLINE, sortant de son appartement.

CAROLINE, à la cantonade.

Eh bien ! mademoiselle, cherchez-le, il ne peut pas être perdu. Je l'avais hier soir dans ma chambre à coucher, et je n'en suis pas encore sortie.

DENNEVILLE.

Eh ! mon Dieu, qu'est-ce donc ?

CAROLINE.

Ah ! c'est vous, mon ami ! (Apercevant Edmond, qu'elle salue froidement.) Monsieur le comte de Saint-Elme...

DENNEVILLE.

Que vous est-il donc arrivé ?

CAROLINE.

Rien, rien, je vous jure, une maladresse de ma femme de chambre.

DENNEVILLE.

Mais encore ?

CAROLINE.

Un mouchoir qu'hier soir en rentrant j'avais placé sur un meuble, et qui, ce matin, ne se retrouve plus.

(Edmond passe à la gauche de Caroline.)

DENNEVILLE.

C'était donc bien précieux?

CAROLINE.

Nullement, un mouchoir brodé, garni en valenciennes. Mais cela m'inquiète, cela me fâche; je n'aime pas que les choses se perdent.

DENNEVILLE.

Voilà de l'ordre, voilà une vraie femme de ménage!

CAROLINE.

Oui; faites-moi des compliments... Hier soir, j'étais fâchée contre vous; j'étais d'un dépit, d'une humeur! Je ne sais pas ce que j'aurais fait.

DENNEVILLE, riant.

Vraiment?

CAROLINE.

Heureusement que votre attention de ce matin m'a désarmée.

DENNEVILLE, étonné.

Mon attention!

CAROLINE.

Oui, cette corbeille de fleurs que j'ai trouvée à mon réveil.

DENNEVILLE, de même.

Une corbeille!

CAROLINE.

Ne vous en défendez pas, vous vous êtes rappelé que c'était demain mon jour de naissance...

DENNEVILLE, à part.

Ah! mon Dieu!

CAROLINE.

Et je vous remercie d'y avoir pensé. Ce souvenir efface tout; et c'est moi qui suis seule coupable.

DENNEVILLE.

Certainement, chère amie, je pense toujours à vous; et aujourd'hui surtout, c'était bien mon intention d'y penser tantôt, dans la journée; mais ce n'est pas moi qui ce matin...

CAROLINE.

Qui donc vous a prévenu?

EDMOND, s'inclinant.

C'est moi, madame, qui me suis permis cette surprise.

AIR du vaudeville du Piège.

Pouvais-je mieux qu'avec ces fleurs
Fêter votre jour de naissance?
Fraîches écloses, leurs couleurs
Semblent du moins de circonstance.
Le même jour vous vit naître...

DENNEVILLE, souriant.

    Charmant.

EDMOND.

Du même éclat votre jeunesse brille;
Et j'ai voulu qu'en vous éveillant
Vous puissiez vous croire en famille.

DENNEVILLE.

Ah! le joli petit madrigal! Ma foi, de mon temps, j'en ai entendu au Vaudeville qui ne valaient pas celui-là; c'est très-bien. (A Caroline.) Mais cela ne m'étonne pas : Edmond est la galanterie même; il est rempli de petits soins, de prévenances; il faut être né comme cela : moi je ne pourrais pas.

CAROLINE.

Autrefois, cependant...

DENNEVILLE.

Il est certain que, quand je vous faisais la cour... mais entre mari et femme ce n'est plus cela ; c'est mieux encore, n'est-il pas vrai? Voyons, chère amie, qu'est-ce que nous faisons aujourd'hui? avez-vous quelque idée?

CAROLINE.

J'attends les vôtres ; et si vous avez des projets...

DENNEVILLE.

Aucun. (Faisant signe à Edmond.) Voici le moment.

EDMOND.

La journée est superbe, et si ce matin nous allions tous les trois au bois de Boulogne?

DENNEVILLE.

C'est une bonne idée ; cela délasse des travaux du matin. (A Caroline.) qu'en pensez-vous?

CAROLINE.

J'aimerais autant rester à Paris.

DENNEVILLE.

Pourquoi donc? Nous reviendrons dîner, vous irez ce soir au bal.

CAROLINE.

Comment? est-ce que vous ne m'accompagnerez pas?

DENNEVILLE.

Je le voudrais, ma chère amie ; mais aux termes où j'en suis avec votre tante, cela paraîtrait fort singulier ; et puis j'ai ce soir un rendez-vous d'affaires ; tu sais, Edmond, cette affaire dont je t'ai parlé....

EDMOND, gravement.

Oui, madame, une affaire commerciale qu'il ne faut pas négliger, à cause de la concurrence.

CAROLINE.

Comme vous voudrez, vous êtes le maître.

DENNEVILLE.

Cela vous fâche ?

CAROLINE.

Nullement, j'y suis habituée. Autrefois j'étais assez bonne pour m'en affliger, et quand monsieur refusait de m'accompagner, je restais seule ici à pleurer.

DENNEVILLE.

Quel enfantillage!

CAROLINE.

C'est ce que je me suis dit. J'ai eu un peu de peine à prendre mon parti; mais on prétend que les larmes et les chagrins enlaidissent. Je le croirais assez : c'est si affreux d'avoir les yeux rouges!

AIR: J'en guette un petit de mon âge. (*Les Scythes et les Amazones.*)

De mon miroir les conseils salutaires
Furent par moi trop longtemps méconnus :
Je les écoute, et changeant de manières,
Je me résigne, et je ne pleure plus!
Pour être heureux, tout doit en mariage
Se partager... et quand monsieur gaîment
Va s'amuser, hélas! j'en fais autant,
    Afin de faire bon ménage!

EDMOND.

Le sourire vous va si bien!... et si vous saviez comme la gaîté vous embellit, combien vous êtes séduisante dans un bal.

DENNEVILLE.

C'est ce que tout le monde dit.

CAROLINE.

Il paraît que monsieur ne voit pas par lui-même.

EDMOND.

Heureusement que d'autres ont des yeux pour lui. Et

moi qui n'ai point d'affaires commerciales, moi qui compte bien aller à ce bal, si j'osais réclamer la première contre-danse...

CAROLINE, montrant Denneville.

Si monsieur le permet?

DENNEVILLE.

Certainement, je l'autorise même à danser la *galope*.

CAROLINE.

C'est bien heureux. J'en entends parler de tous les côtés et je ne l'ai pas encore dansée de l'hiver.

EDMOND.

Il serait possible!

CAROLINE.

Oui, vraiment. Les bals finissent par là; et nous nous en allons toujours à onze heures; monsieur a envie de dormir.

DENNEVILLE.

C'est naturel; moi, je n'aime pas la danse, surtout celle-là.

EDMOND.

Ah! n'en dis pas de mal; c'est bien autrement amusant que vos insipides *pastourelles*, vos éternels *étés*. La *galope*, une danse si vive, si animée! une danse vraiment nationale.

DENNEVILLE.

Oui, je conçois, ces passes continuelles, ces dames que l'on prend, que l'on quitte, c'est amusant pour vous autres jeunes gens; mais pour les gens respectables qui ne dansent plus, pour les mamans et les maris, c'est différent. (A Caroline.) Aussi, je n'autorise qu'avec lui.

CAROLINE.

Et pourquoi pas avec d'autres?

DENNEVILLE.

Pourquoi? parce que cela ne peut se danser qu'entre amis intimes, et qu'il faut être sûr des personnes.
(Il va s'asseoir près de la table.)

EDMOND, vivement.

Il a raison, il faut être sûr de son danseur. Y a-t-il rien de plus déplorable qu'un cavalier inhabile qui brouille toutes les figures, et qui fait manquer l'effet général?

CAROLINE.

S'il en est ainsi, monsieur, c'est moi qui craindrais de ne pas être digne de vous; car je ne suis encore qu'une écolière.

EDMOND.

Pour les dames, rien de plus facile; il n'y a qu'à se laisser conduire; et je suis certain qu'avec une seule leçon...

CAROLINE.

Vous êtes trop bon.

EDMOND.

Du tout: c'est l'usage. Quand on doit danser le soir, on répète le matin. (A Denneville, qui est assis auprès de la table.) N'est-il pas vrai?

DENNEVILLE.

Certainement; et dès qu'Edmond veut bien prendre cette peine-là, que diable! chère amie, profitez-en : car il n'a pas de temps à perdre.

CAROLINE.

Quoi? vous voulez!...

EDMOND, vivement.

Eh! oui, sans doute. Je suppose d'abord que vous savez les premiers éléments?

CAROLINE.

Moi! je ne sais rien.

EDMOND, au fond, à gauche, avec Caroline.

C'est charmant. Vous tenez toujours en avant le pied opposé à celui du danseur, et dès qu'il change, vous changez aussi.

CAROLINE.

Vous croyez?

EDMOND.

C'est de rigueur.

DENNEVILLE, à la table, et tenant un journal.

Eh! oui, puisqu'il te le dit.

CAROLINE.

Je me le rappellerai, monsieur.

EDMOND.

Maintenant la taille plus inclinée, plus cambrée, et ne craignez rien. C'est à votre cavalier à vous aider, à vous soutenir; c'est son devoir. (A demi-voix.) Et il est si doux!

CAROLINE.

Monsieur...

EDMOND, lui présentant la main.

Votre main dans la mienne.

CAROLINE.

Je verrai bien sans cela.

EDMOND.

C'est impossible.

DENNEVILLE, toujours à la table et sans tourner la tête.

Fais donc ce qu'on te dit!

EDMOND, commençant à danser.

Tra, la, la, la, la. Ici nous changeons de main. Tra, la, la, la, la. (Arrivant jusque sur la chaise de Denneville.) Prends donc garde, tu nous gênes.

DENNEVILLE, reculant sa chaise.

Il fallait donc le dire!

EDMOND, s'arrêtant.

Et puis ça essouffle de chanter en dansant.

DENNEVILLE.

N'est-ce que cela? je ferai l'orchestre; que je serve au moins à quelque chose.

(Il prend un violon qui est dans une boîte sur une chaise, et joue, pendant qu'Edmond et Caroline dansent quelques mesures de la *galope*.)

EDMOND, à Caroline, tout en dansant.

Très-bien, madame, à merveille; des dispositions admirables.

CAROLINE, dansant toujours.

Vous trouvez?

DENNEVILLE, jouant toujours.

Je suis de son avis; c'est très-bien, très-gracieux.

CAROLINE, dansant toujours.

Au fait, c'est très-amusant.

EDMOND.

N'est-il pas vrai? (A Denneville.) Va toujours, mon ami, ne te fatigue pas.

DENNEVILLE, à part.

AIR de *la Galope*.

Dieux! mon rendez-vous!
L'heure s'avance,
Et par prudence,
D'un moment si doux
Écartons les regards jaloux.

EDMOND, s'arrêtant.

Pourquoi t'arrêter?

DENNEVILLE, lui faisant signe.
Il faut nous apprêter,
Je pense,
Puisqu'au bois
Tous trois
On nous attend.

EDMOND, le regardant.
Ah ! je conçois.
(A Caroline.)
Il a raison,
Laissons là la leçon ;
Notre toilette à faire ;
Mais à ce soir :
J'ai l'espoir
De vous voir
Surpasser mon savoir.

Ensemble.

CAROLINE.
A ce soir donc
Ma seconde leçon ;
J'y prends goût, et j'espère
Que dès ce soir
Je puis peut-être avoir
Sa grâce et son savoir.

EDMOND.
Il a raison,
Je m'éloigne : adieu donc,
Ma gentille écolière ;
Mais à ce soir :
J'ai l'espoir
De vous voir
Surpasser mon savoir.

DENNEVILLE.
A ce soir donc
La seconde leçon.
Ta gentille écolière,
J'en ai l'espoir,

Pourra bien, dès ce soir,
Surpasser ton savoir.

(Edmond sort par la porte du fond ; Caroline rentre dans son appartement.)

SCÈNE V.

DENNEVILLE, seul.

A merveille ! ma femme ne se doute de rien. Ils partiront sans moi. Zilia viendra à trois heures, et puis ce soir, pendant le bal... C'est charmant ! grâce à ce cher Edmond, me voilà libre pour toute la journée. Il faut convenir que j'ai en lui un ami véritable ! et il y a pourtant des gens qui prétendent que, fier de sa naissance et de son titre de comte, il dédaigne des financiers tels que nous. (Il s'assied sur le devant du théâtre.) Lui, le meilleur enfant du monde, qui est mon camarade, qui ne peut vivre sans moi, qui fait danser ma femme ! Il est vrai que je faisais l'orchestre ; et c'est fatigant, quand on n'en a pas l'habitude. (Tirant son mouchoir de sa poche.) J'ai chaud. (Regardant le mouchoir avec lequel il vient de s'essuyer.) Ah ! mon Dieu ! quel luxe ! un mouchoir brodé, garni en dentelles. (Riant.) J'y suis, c'est celui que ma femme avait perdu dans sa chambre à coucher. Ce matin, en me levant, je l'aurai pris par mégarde, et la pauvre femme de chambre qu'on a grondée pour moi ! Ne laissons pas soupçonner l'innocence, (Déployant le mouchoir.) et n'allons pas à propos de rien, comme un autre Othello... Eh ! mais, à propos d'Othello, qu'est-ce que j'aperçois là, (Il se lève.) dans le coin de ce mouchoir ? (Il défait le nœud et prend un billet qu'il ouvre.) Un papier plié. O ciel ! l'écriture d'Edmond ! (Il lit.) « Grâce, madame, grâce pour un malheureux, qui se meurt « d'amour et de désespoir ! » — A qui diable s'adresse-t-il ainsi ? « N'aurez-vous pas pitié de mes tourments, Caro« line ? » — Caroline ! C'est à ma femme !... et j'étais sa dupe! j'étais joué, trahi par lui! Voilà cette amitié dont je m'honorais! Elle vous coûtera cher, monsieur le comte, et dès ce matin, ma vie ou la vôtre... (s'arrêtant.) Que dis-je? et qu'allais-je faire? un éclat qui va perdre ma femme! c'est publier ma honte, c'est l'attester moi-même, c'est me déshonorer aux yeux de tout Paris! Ces bons Parisiens sont toujours si enchantés des accidents qui arrivent aux gens de finance! il semble que cela les console. Ne leur donnons point ce plaisir-là. (Il se rassied.) Il vaut mieux, sans explication, cesser de le voir, le bannir de chez moi... Mais s'il aime, s'il est aimé, ils se retrouveront toujours; les obstacles ne feront qu'augmenter leur mutuelle passion. Non, non, je me trompe. Caroline ne l'aime pas encore : ce billet même me le prouve. Il se plaint de ses rigueurs, de sa cruauté! Oui, mais c'est toujours ainsi que cela commence ; et ce qu'il racontait ce matin... (Il se lève.) ces regards plus doux, plus tendres... et cette lettre qu'hier soir elle a reçue... car enfin elle l'a reçue... Il est vrai que c'était dans un mouvement d'humeur contre moi; je me le rappelle maintenant : je venais d'exciter son dépit, sa jalousie! mais enfin ce matin elle ne m'en a point parlé; elle a gardé le silence sur cette déclaration, et si elle ne l'aime pas, elle en est peut-être bien près. (Après avoir rêvé un instant.) A qui la faute? Comment donc en suis-je arrivé là? car enfin j'aime ma femme! c'est ma première et ma seule passion. Il me semble que je ne pourrais être heureux sans elle, ni survivre à sa perte ; et cependant je me conduis comme si je ne l'aimais pas, je lui préfère des femmes qui sont si loin de la valoir... Gervault avait raison ce matin; je négligeais mes affaires, je me faisais du tort dans l'estime publique. Allons, il faut tout rompre. Agissons en homme, en honnête homme. Ne nous occupons plus que de mon état, de ma fortune, de ma femme; et ma femme ne s'occupera plus que de moi. Que diable! autrefois elle m'aimait... J'ai su lui plaire, j'ai su l'emporter sur tous mes rivaux! Oui ; mais c'est qu'alors j'étais tendre, passionné, galant toujours de bonne humeur, toujours de son avis; je faisais en un mot ce que fait Edmond, je lui faisais la cour; ce qui est difficile après deux ans de mariage. N'importe! il n'y a que ce moyen de la ramener! et puisqu'un rival se présente, sans me plaindre, sans me fâcher, ce qui me ferait passer pour un jaloux, luttons avec lui de soins, de galanteries, de complaisances, et voyons qui l'emportera de l'amant ou du mari.

AIR : Soldat français, fils d'obscurs laboureurs.

Je sais fort bien, d'après ce que j'ai vu,
Qu'il faut combattre un rival redoutable ;
Matin et soir, courtisan assidu,
Sa seule affaire est de paraître aimable.
Il a pour lui ses triomphes premiers
   Et ses conquêtes et sa gloire.
Mais j'ai pour moi les dieux hospitaliers ;
   A qui combat pour ses foyers
   Le ciel doit toujours la victoire !

Après cela ce diable d'Edmond pense à tout ; moi, je ne pensais à rien. Ces fleurs qu'il lui a offertes ce matin, c'était bien. Cet air nouveau qu'elle m'avait demandé deux ou trois fois, et qu'il lui a apporté hier ; c'était adroit. Ah! elle aime la musique nouvelle! eh bien! je lui donnerai des romances, je lui en dédierai, j'en ferai, s'il le faut. Autrefois j'en composais pour elle, et je peux bien encore... Justement, c'est aujourd'hui l'anniversaire de notre mariage ; cela tombe bien. Elle n'y avait pas pensé, ni moi non plus ; c'est égal, c'est une occasion...

(Cherchant des vers.)

O jour heureux! jour dont la souvenance...

(S'interrompant.) Et ma toilette, à laquelle je ne pense pas! Cet Edmond va arriver, j'en suis sûr, avec la mise la plus soignée, les modes les plus nouvelles; tandis que nous autres maris nous nous négligeons. C'est un tort ; et puisque tous les jours on vous attaque, il faut être tous les jours sous les armes. (Il appelle.) Holà, quelqu'un ! Félix !

(Cherchant toujours.)

O jour heureux ! jour dont la souvenance...

(Appelant plus fort.) Eh bien ! viendra-t-on quand j'appelle ?

SCÈNE VI.

DENNEVILLE, GERVAULT.

GERVAULT, entrant par la porte à gauche de la cheminée.

Qu'y a-t-il donc, monsieur ?

DENNEVILLE.

Ce qu'il y a ? morbleu ! voilà une heure que j'attends Félix, mon valet de chambre ; où est-il ?

GERVAULT.

Je l'ai vu sortir tout à l'heure.

DENNEVILLE.

Sortir ! quand je veux m'habiller. Et où allait-il ?

GERVAULT.

Je l'ignore. Il donnait le bras à Rosine, la petite ouvrière de madame.

DENNEVILLE.

Sortir avec une grisette, lui, un homme marié !

GERVAULT.

Que voulez-vous, monsieur ?... le mauvais exemple.

DENNEVILLE.

Je le chasserai.

GERVAULT.

Cela n'en vaut pas la peine, et j'aime mieux vous donner moi-même ce qui vous est nécessaire.

DENNEVILLE.

Je ne le souffrirai pas.

GERVAULT.

Si, si, monsieur. (Il va dans le cabinet prendre l'habit de Denneville.) Veici votre habit..

DENNEVILLE, passe l'habit, en répétant plusieurs fois :

O jour heureux ! jour dont la souvenance...

(Il se regarde à la psyché.) Ah ! quel habit ! une coupe qui a plus de six mois ! quand il me faudrait ce qu'il y a de plus nouveau.

GERVAULT.

Comme vous êtes difficile, vous qui d'ordinaire n'y regardez pas !

DENNEVILLE.

C'est qu'aujourd'hui, mon ami, aujourd'hui il s'agit de plaire à ma femme.

GERVAULT.

Il serait possible !

DENNEVILLE.

Et je te demande pardon si je ne suis pas à la conversation, c'est que dans ce moment je fais des vers pour elle.

GERVAULT.

Des vers ! je n'y puis croire encore.

DENNEVILLE.

Ce n'est pas sans peine. Que le diable les emporte !

(Il continue et cherche des vers.)

O jour heureux ! jour dont la souvenance...

(Il va s'asseoir devant la table, et écrit à mesure qu'il compose.)
D'un doux émoi...

Dieu ! quel ennui !

D'un doux émoi fait palpiter mon cœur...
Oui, mon cœur ! joliment.

(Cherchant.)

Jour dont la souvenance...

(A Gervault.) Voyons, donne-moi une rime en *ance*.

GERVAULT.

Échéance.

DENNEVILLE.

Allons donc ! Ah ! m'y voici.

Toi dont l'amour... dont la tendre constance...

GERVAULT.

A merveille !

DENNEVILLE.

Dont la tendre constance...

La coquette ! qui ce matin encore... c'est égal...

Dont la tendre constance...
Out d'un époux assuré le bonheur.

Voilà toujours quatre vers de faits ; mais j'ai sué sang et eau.

GERVAULT, regardant ses mouvements agités.

Je ne sais pas comment font les autres poètes ; mais je puis dire que pour ce qui est des vers, vous les faites d'une furieuse manière.

DENNEVILLE.

J'entends ma femme, laisse-nous.

GERVAULT, en sortant.

Tâchez de ne lui parler qu'en prose, car vous lui feriez peur.

DENNEVILLE, à part.

Allons, tenons-nous sur nos gardes.

SCÈNE VII.

DENNEVILLE, à la table, CAROLINE.

CAROLINE, en grande parure ; elle sort de son appartement, et, en entrant, se regarde à la psyché.

Me voilà prête, et je ne me suis pas pressée ; car pour monsieur mon mari, sa louable habitude est de me faire attendre une heure.

DENNEVILLE, à part, écrivant à la table, et lui tournant le dos.

Toujours pour nous des préventions favorables ! Voilà comme on nous juge ! et cependant je suis prêt avant... (Cherchant l'expression.) avant l'autre.

CAROLINE, qui, pendant ce temps, s'est regardée à la psyché.

Il me semble que ma robe est jolie. Tant mieux pour moi et puis pour M. Edmond, qui est un élégant ; car pour mon mari, cela lui est bien égal. (Denneville fait un geste d'impatience. Caroline se retourne.) Eh ! c'est lui, le voilà. (A haute voix.) Monsieur... (S'arrêtant.) Eh bien ! il ne m'entend pas ; comme il a l'air occupé ! (Le voyant déclamer.) Ah ! mon Dieu, est-ce qu'il compose ? est-ce qu'il fait des vers ? lui ! un banquier !... Je voudrais bien les voir ; et si je pouvais sans bruit, par-dessus son épaule...

(Elle s'avance doucement, tandis que Denneville la regarde du coin de l'œil en continuant à écrire.)

DENNEVILLE, à part.

Elle y vient.

CAROLINE, près de lui, et regardant par-dessus son épaule.

Si je pouvais seulement lire le titre. (Lisant.) « A ma femme. »

DENNEVILLE, se levant et serrant son papier.

Quoi ! madame, vous étiez là ?

10.

CAROLINE.
Ma vue vous surprend?

DENNEVILLE.
Non vraiment; car j'étais là avec vous.

CAROLINE.
Comment! monsieur, il serait vrai? c'étaient des vers pour moi?

DENNEVILLE.
Vous avez donc lu?... quelle indiscrétion!

CAROLINE.
Aucune, puisqu'ils sont à mon adresse.

DENNEVILLE.
Sans doute; mais encore faut-il qu'ils soient dignes de vous. Sans cela, ils auront le sort des autres, que je déchire à l'instant!

CAROLINE.
Comment! ce ne sont pas les premiers?

DENNEVILLE.
Non vraiment. Presque tous les jours, après la Bourse... J'en aurais des volumes.

CAROLINE.
Et je ne les connaissais pas?

DENNEVILLE.
Vous ne les connaîtrez jamais, j'ai trop d'amour-propre pour cela. Vous comprenez : des épîtres à sa femme, des poésies conjugales... tant de gens trouveraient cela si romantique, je veux dire si ridicule!

CAROLINE.
Pas moi, du moins; et je réclame celle-ci.

DENNEVILLE.
A la bonne heure; dès que j'aurai terminé, car, avec vous, il n'y a pas moyen de vous faire des surprises.

CAROLINE.

Si vraiment ; c'en est une déjà de voir que vous pensez à moi.

DENNEVILLE, soupirant.

Eh ! mon Dieu, oui ; c'est malheureusement un tort que j'ai.

CAROLINE.

Comment ! monsieur, un tort !

DENNEVILLE.

Que je tâche de cacher à tous les yeux. Vous êtes pour moi si indifférente !

CAROLINE.

J'allais vous faire le même reproche.

DENNEVILLE.

Il eût été bien injuste ; car si je suis ainsi, c'est pour vous plaire, pour être comme vous, pour ne point vous fatiguer de mes empressements ; j'ai fait plus, je vous l'avouerai, j'ai tâché de m'étourdir, de me distraire, j'aurais voulu vous oublier, en aimer une autre.

CAROLINE.

Comment ! monsieur !

DENNEVILLE.

C'est au point, te le dirai-je ? que ces jours passés, je m'étais presque laissé entraîner, une conquête assez flatteuse.

CAROLINE.

Il serait possible !

DENNEVILLE.

Ma franchise, du moins, te prouvera que j'ai résisté, que j'ai renoncé à toutes ces idées-là pour toi, pour toi avant tout, et puis pour ce pauvre Edmond, qui, je crois, en est épris.

CAROLINE, émue.

Monsieur Edmond !.

DENNEVILLE.

Moi, d'abord, j'ai toujours respecté les droits de l'amitié. Il serait si mal d'abuser de l'affection, de la confiance d'un ami !

CAROLINE.

Et monsieur Edmond aimait cette dame ?

DENNEVILLE, à part.

Je ne suis pas obligé de le servir. (Haut.) Lui ! il les aime toutes, pas longtemps, par exemple ; mais jeune, aimable, répandu dans le monde, il a raison d'en agir ainsi ; il ne pourrait pas y suffire. J'en faisais autant quand j'étais garçon.

CAROLINE.

Quoi ! monsieur !...

DENNEVILLE.

Nous étions camarades, partageant les mêmes folies ; et je me rappelle, entre autres, que, pour aller plus vite, nous avions composé des déclarations-modèles, des circulaires qui servaient dans toutes les occasions, et qu'au besoin on aurait pu lithographier.

CAROLINE.

C'était indigne !

DENNEVILLE.

Abominable, et j'en rougis encore quand j'y pense ! mais c'était une grande économie de temps ; on n'avait pas besoin de chercher ses phrases ; et je me les rappelle encore, tant nous les avons employées de fois. « Grâce, grâce, ma-
« dame ! » ou mademoiselle, selon la circonstance. « Grâce
« pour un malheureux qui se meurt d'amour et de déses-
« poir !... »

CAROLINE, à part.

O ciel !

DENNEVILLE.

« N'aurez-vous pas pitié de mes tourments, Hortense ? » ou Gabrielle, ou Agathe, ou Athénaïs, selon la dénomination. « Ame de ma vie... »

CAROLINE.

Assez, monsieur, assez ; c'est une horreur, et je ne conçois pas qu'une femme puisse s'y laisser prendre.

DENNEVILLE.

Il y en a cependant. (Voyant Edmond qui entre, à part.) C'est Edmond ! à merveille, les voilà brouillés ; et je lui permets maintenant de faire l'aimable !

SCÈNE VIII.

DENNEVILLE, EDMOND, CAROLINE.

EDMOND, à Caroline.

Me voilà à vos ordres, et le temps nous seconde : un soleil superbe. Aussi j'ai déjà donné rendez-vous à une vingtaine de nos amis qui nous attendent dans l'allée de Longchamps pour nous servir d'escorte ; une cavalcade magnifique.

CAROLINE.

Je vous remercie, monsieur, de cet excès d'attention ; mais j'ai changé d'idée, je ne sortirai pas.

EDMOND.

Que dites-vous ?

DENNEVILLE.

Comment, chère amie ?

CAROLINE.

Je resterai chez moi.

EDMOND, bas à Denneville.

Y comprends-tu rien?

DENNEVILLE.

Un caprice. (à part.) Il faut bien que les amants en supportent aussi, puisqu'ils veulent tout partager avec nous.

EDMOND.

Quoi! vous auriez le courage de perdre une si jolie toilette?

CAROLINE, froidement.

Elle ne sera pas perdue. (Regardant Denneville d'un air aimable.) Elle sera pour mon mari.

DENNEVILLE, à part.

Quel air gracieux! c'est le contre-coup qui m'arrive.

EDMOND.

Certainement c'est un bonheur que tout le monde lui enviera. Mais cette brillante société, ces jeunes gens qui nous attendent...

CAROLINE.

Envoyez-leur une circulaire pour les prévenir.

EDMOND, étonné.

Une circulaire?

CAROLINE, toujours froidement.

Ou peut-être serait-il plus honnête et plus convenable de les rejoindre, et je ne vous en empêche pas.

DENNEVILLE, à part.

A merveille, il a son congé!

EDMOND, interdit.

Qu'est-ce que cela veut dire? (Bas à Denneville.) Et qu'a donc ta femme? Il me semble, mon ami, qu'elle me renvoie?

DENNEVILLE.

Cela m'en a l'air. Je vois que cela te fâche.

EDMOND, d'un air d'assurance.

Du tout.

DENNEVILLE, avec inquiétude.

Comment cela?

EDMOND.

C'est qu'un changement aussi subit tient à des causes que nous ignorons, et qui, une fois éclaircies, tourneront à mon avantage.

DENNEVILLE, à part.

Ah! mon Dieu!

EDMOND.

Sois tranquille, j'aurai bientôt r'arrangé tout cela ; à la première occasion...

DENNEVILLE, à part, avec colère.

Il sera bien habile s'il la trouve ; car je ne les quitte plus et j'empêcherai bien qu'ils aient désormais la moindre explication.

(Il passe à la gauche du théâtre.)

SCÈNE IX.

EDMOND, GERVAULT, DENNEVILLE, CAROLINE.

GERVAULT, entrant par le fond, à droite, à Denneville, d'un air embarrassé.

Monsieur, quelqu'un vous demande dans votre cabinet.

DENNEVILLE.

Je n'y suis pas.

GERVAULT.

C'est ce que j'ai dit ; mais la personne... (A demi-voix.) c'est une dame... (Haut.) prétend que vous comptez sur sa visite, et elle attendra.

DENNEVILLE, à part.

Dieu ! c'est Zilia ; si ma femme savait !...

EDMOND, à voix basse.

Ne crains rien. (Haut.) Eh bien! mon ami, les affaires avant tout, va voir ce que c'est, je tiendrai compagnie à ta femme.

DENNEVILLE.

Du tout!

EDMOND.

Et pourquoi donc te gêner ?... vas-tu faire des façons avec moi? Si nous devions aller au Bois, à la bonne heure; mais puisque madame veut rester, cela se trouve à merveille.

DENNEVILLE.

Non, vraiment, je ne puis, je ne veux pas...

EDMOND, près de lui, à voix basse.

Mais prends donc garde! te voilà tout déconcerté.

DENNEVILLE, à part.

Que faire?

CAROLINE.

Eh! mon Dieu! ce qui est bien plus simple, priez cette personne de monter ici, au salon.

(Gervault va pour sortir.)

DENNEVILLE, vivement.

Non pas, non pas; ce ne serait point convenable. Si ce sont des affaires que moi seul dois connaître...

(Gervault sort.)

CAROLINE.

Eh bien! alors, allez-y!

EDMOND.

C'est ce que je lui dis.

DENNEVILLE, hors de lui, et les regardant alternativement.

Oui, oui, je crois que j'aurai plus tôt fait de la renvoyer.

Ce ne sera pas long. Quelle leçon! pour un instant d'oubli! s'exposer...

EDMOND.

Mais va donc, mon ami, va donc!

DENNEVILLE.

J'y cours, pour revenir plus vite.

(Il sort par le fond à gauche.)

SCÈNE X.

CAROLINE, EDMOND.

EDMOND, à part.

Il s'éloigne, les moments sont précieux! (Haut à Caroline.) Daignez, madame, m'écouter un instant.

CAROLINE.

Je ne le peux.

EDMOND.

Il le faut. Je ne vous parlerai point ici d'un amour qui vous déplaît, qui vous est odieux; mais je tiens à votre estime, à votre amitié: je tiens à me justifier...

CAROLINE.

Vous n'en avez pas besoin.

EDMOND.

Si, madame; votre accueil me l'a prouvé. Qu'ai-je fait? quel est mon crime?

CAROLINE.

Vous me le demandez? je n'ai pas voulu hier soir, devant mon mari, devant tout le monde, vous rendre ce billet, que vous aviez eu l'audace...

EDMOND.

Madame...

CAROLINE.

Mais je vous dois une réponse, et la ferai en peu de mots. Vous êtes fort aimable; mais c'est à mes yeux un mérite perdu, et je n'augmenterai point le nombre de vos conquêtes.

EDMOND.

De mes conquêtes! qui a pu vous dire?...

CAROLINE.

Des gens qui vous connaissent très-bien, des amis intimes.

EDMOND.

Votre mari peut-être!

CAROLINE.

Je ne nomme personne, mais quand il serait vrai?... C'est en lui, monsieur, que j'ai toute confiance; et je ne pourrais mieux faire, je crois, que de le prendre pour guide, et de suivre ses avis.

EDMOND.

Certainement... il y a tant de gens très-forts sur les conseils, et qui seraient peut-être bien embarrassés pour les mettre en pratique.

CAROLINE.

Que voulez-vous dire?

EDMOND.

Rien, madame. Mais il me semble qu'entre amis, on devrait avoir plus d'indulgence. Il me semble du moins qu'il faut être soi-même bien irréprochable pour accuser les autres.

CAROLINE.

Ce qui signifie que la personne dont vous parlez ne l'a pas toujours été?

EDMOND.

Je ne dis pas cela.

CAROLINE.

Et moi, je le sais, car mon mari m'a tout confié, tout avoué.

EDMOND, à part.

O ciel!

CAROLINE.

Et loin de lui en vouloir, depuis ce moment-là je l'aime plus que jamais.

EDMOND, à part.

C'est fini! plus d'espoir! (Haut.) Quoi! madame, il vous a tout raconté?

CAROLINE.

Oui, monsieur.

EDMOND.

Son rendez-vous? son souper d'aujourd'hui?

CAROLINE.

Un souper! un rendez-vous!

EDMOND, vivement.

Dieu! vous ne saviez pas?...

CAROLINE.

Non, monsieur.

EDMOND, vivement.

Ne me croyez point, je ne sais rien.

CAROLINE.

N'espérez pas me donner le change; vous achèverez cette confidence, ou je penserai, monsieur, que vous avez voulu perdre Denneville, le calomnier à mes yeux.

EDMOND.

Vous pourriez supposer?

CAROLINE.

Je crois tout, et ne vous revois de ma vie, si vous ne parlez à l'instant.

EDMOND.

O mon Dieu ! que faire ?

CAROLINE.

Écoutez, monsieur Edmond, j'aimais mon mari, je l'aime plus que tout au monde ; mais s'il est vrai qu'il m'ait trahie, si vous pouvez m'en donner la preuve évidente...

EDMOND.

Vous ne me bannirez plus de votre présence, vous me permettrez de vous revoir ?

CAROLINE, avec impatience.

Cette preuve...

EDMOND.

Elle est entre mes mains, je l'ai là ; mais c'est si mal à moi !

CAROLINE.

Cette preuve ?

EDMOND.

Vous me promettez que ce soir, à ce bal, moi seul serai votre cavalier ?

CAROLINE.

Cela dépend de vous.

EDMOND.

Ah ! je suis trop heureux ! mais vous me jurez que le plus grand secret ?...

CAROLINE, n'y tenant plus.

Cette lettre, monsieur, cette lettre !

EDMOND, la lui donnant.

La voici, madame, la voici ; elle m'était adressée, et vous saurez d'abord...

CAROLINE.

C'est bon, c'est bon ! je verrai bien. (Lisant d'une voix émue.) « Mon cher Edmond... » C'est daté de ce matin. « Si tu veux

« mon cheval anglais pour quatre mille francs, il est à toi;
« car j'ai aujourd'hui besoin d'argent. J'ai à payer des
« diamants destinés à une jolie femme, qui veut bien ce soir
« me donner à souper... » Ah! je me sens mourir!

EDMOND, qui est allé près de la porte.

C'est lui.

CAROLINE.

Silence!

(Elle reste auprès de la table, Edmond est au milieu du théâtre.)

SCÈNE XI.

CAROLINE, EDMOND, DENNEVILLE, entrant vivement, et descendant à gauche, tandis que Caroline reste à droite.

DENNEVILLE, à part, avec joie.

Je l'ai congédiée, non sans peine; et tout est rompu, je respire.

CAROLINE, qui est restée plongée dans ses réflexions, levant les yeux sur Denneville.

Eh bien! monsieur, cette importante visite?...

DENNEVILLE.

L'était moins que je ne croyais; c'était un correspondant, un étranger, que j'ai congédié.

CAROLINE.

Déjà!

DENNEVILLE fait un geste d'étonnement, et se remet sur-le-champ.

Voilà un mot peu flatteur pour moi, qui me hâtais de revenir auprès de vous.

CAROLINE, avec ironie.

Vous êtes bien bon de songer à mes plaisirs; mais vos moments sont si précieux que je me reprocherais de vous les faire perdre.

DENNEVILLE.
Il me semble que je ne puis pas mieux les employer.

CAROLINE, dédaigneusement.
C'est joli, mais c'est fade, et vous savez que je ne tiens pas aux compliments.

DENNEVILLE.
Aussi, n'en est-ce pas un. (Bas à Edmond.) Qu'a-t-elle donc?

EDMOND.
Un caprice, sans doute. (A part.) Chacun son tour.

DENNEVILLE.
J'avais demandé aujourd'hui le dîner de bonne heure, pour que nous fussions libres plus tôt.

CAROLINE.
Vous aviez peur que la soirée ne fût pas assez longue?

DENNEVILLE.
Que dites-vous?

CAROLINE.
Moi, rien. (A Edmond, d'un air aimable.) Monsieur nous fait-il le plaisir de dîner avec nous?

EDMOND.
Impossible, madame; j'avais une invitation.

DENNEVILLE, à part.
Tant mieux, il va s'en aller plus tôt. (Passant entre Edmond et Caroline; à haute voix.) Si vous voulez alors, chère amie, que nous passions dans la salle à manger?

CAROLINE.
C'est trop tôt, je n'ai pas faim.

DENNEVILLE, avec impatience.
Comment!... (Se reprenant et avec douceur.) Comme vous voudrez, nous attendrons.

CAROLINE.

C'est inutile, je ne me mettrai pas à table. Mais que cela ne vous empêche pas... Je vais rentrer dans mon appartement jusqu'à l'heure du bal.

DENNEVILLE.

Y pensez-vous, déjà?

CAROLINE.

J'en aurai plus de temps pour ma toilette. (Regardant Edmond.) Car je veux être très-belle.

DENNEVILLE.

Vous comptez donc aller à ce bal?

CAROLINE.

Le moyen de s'en dispenser? ma tante m'y attend, et vous m'avez ordonné d'y aller.

DENNEVILLE.

Ordonné? je croyais vous avoir priée...

CAROLINE.

C'est ce que je voulais dire : une prière de mari, c'est un ordre.

DENNEVILLE.

Et si je vous... priais, maintenant, de n'y plus aller?

CAROLINE.

Il serait trop tard; ma toilette est prête, ma parure est commandée.

DENNEVILLE, à part.

Ah! quelle patience!...

CAROLINE.

Et à ce sujet, monsieur Edmond, il faut que je vous consulte. Que me conseillez-vous? de mon collier en opales, ou en saphirs? c'est à votre goût.

EDMOND.

Moi, madame?

CAROLINE.

Sans doute, cela vous regarde! puisque c'est vous qui devez me donner la main.

DENNEVILLE, à part.

C'est trop fort! (Haut avec chaleur.) Et moi, madame, je ne veux pas...

CAROLINE.

Qu'est-ce donc?

DENNEVILLE, d'un ton plus doux.

Je ne veux pas vous contraindre, et vous êtes la maîtresse; mais si je vous y accompagnais... (Regardant Edmond; à part.) Edmond a tressailli.

CAROLINE.

Vous, monsieur, qui ne venez jamais chez ma tante, qui êtes brouillé avec elle?

DENNEVILLE, à part.

Cela la contrarie.

CAROLINE.

Comme vous le disiez ce matin, cela paraîtrait fort singulier. D'ailleurs vous avez, sans doute, pour votre soirée d'autres occupations, plus agréables, qui vous retiendront.

DENNEVILLE, à part, les regardant.

Ils sont d'accord. (Haut à Caroline.) De quelles occupations voulez-vous parler?

CAROLINE.

Que sais-je? de celles que les maris ont toujours, et que les femmes ne peuvent connaître.

DENNEVILLE, à part.

Quelle idée! soupçonnerait-elle?

CAROLINE.

Je vous laisse, monsieur. (Passant entre Denneville et Edmond. — A Edmond.) A tantôt, monsieur Edmond.

EDMOND.

AIR : Travaillons, mesdemoiselles.

Adieu donc, adieu, madame,
Ah! n'allez pas oublier
L'honneur qu'ici je réclame;
Je suis votre chevalier.

CAROLINE, d'un air gracieux.

A ce soir.

EDMOND, à part.

De la prudence!

DENNEVILLE, les suivant des yeux.

Oui, son trouble le trahit.
Ce regard d'intelligence...
Plus de doute; il a tout dit.

Ensemble.

EDMOND.

Adieu donc, adieu madame,
Ah! n'allez pas oublier
L'honneur qu'ici je réclame;
Je suis votre chevalier.

CAROLINE.

Adieu donc : qu'une autre dame
Ne fasse pas oublier
L'honneur qu'ici je réclame;
Vous êtes mon chevalier.

DENNEVILLE.

De courroux mon cœur s'enflamme;
Mais n'allons pas m'oublier :
Nous verrons si de ma femme
Il sera le chevalier.

(Caroline sort, Edmond la reconduit jusqu'à la porte de son appartement.)

SCÈNE XII.

DENNEVILLE, EDMOND.

DENNEVILLE, à part, pendant qu'Edmond reconduit sa femme.

Tout s'explique, il lui a parlé de Zilia ; mais comme tout est rompu, que je ne la reverrai plus, qu'il n'existe aucune preuve... Dieu ! et ma lettre de ce matin ! s'il l'a montrée, c'est fait de moi ! Mais comment le savoir ?

EDMOND, après avoir reconduit madame Denneville, reprend sur un fauteuil son chapeau et ses gants qu'il met, et va pour sortir.

Adieu, mon ami.

DENNEVILLE, se retournant et l'apercevant près de la porte.

Eh bien ! tu t'en vas !

EDMOND.

Oui. Tu sais que je dîne en ville, et je n'ai que le temps de passer chez moi.

DENNEVILLE.

Ah ! tu passes chez toi ? eh bien ! envoie-moi de l'argent, les cinq mille francs de mon cheval.

EDMOND, revenant.

Qu'est-ce que tu dis donc ? cinq mille francs !... tu me l'as vendu quatre.

DENNEVILLE, tranquillement.

Je te l'ai vendu cinq.

EDMOND.

Tu es dans l'erreur !

DENNEVILLE.

Je t'assure que non !

EDMOND.

Tu m'as écrit ce matin, et de ta main, quatre mille francs en toutes lettres ; et je puis te prouver...

(Il va pour fouiller dans sa poche et s'arrête.)

DENNEVILLE, souriant.

En tout cas, voyons, relisons.

EDMOND, troublé.

Non, non, c'est inutile ; puisque tu tiens aux cinq mille francs...

DENNEVILLE.

Du tout ; si je l'ai écrit, c'est autre chose, et je ne reviens pas sur ma parole ; ce qui est écrit est écrit. Voyons mon billet.

EDMOND, embarrassé.

Ton billet ?

DENNEVILLE.

Tu l'as mis ce matin là, dans ton gilet ; et comme tu n'en as pas changé...

EDMOND.

Tu crois ? c'est possible, je ne sais.

DENNEVILLE, à part.

Il ne l'a plus, il est entre les mains de Caroline.

EDMOND.

Mais du reste, à quoi bon ? je te répète que je m'en rapporte à toi ; et dès que tu dis cinq mille francs, ça suffit ; et je vais te les envoyer.

(Il va vers la porte.)

DENNEVILLE.

Non, apporte-les toi-même ici, ce soir, en venant prendre ma femme ; parce que j'ai à te parler.

EDMOND, revenant.

Et sur quoi ?

DENNEVILLE.

Tu le sauras ; toi qui es l'ami de la maison, il faut bien que tu saches tout.

EDMOND.

Ah! mon Dieu! de quel air me dis-tu cela? et qu'as-tu donc?

DENNEVILLE.

Moi, rien. A ce soir, mon bon ami.

EDMOND.

A ce soir!

(Il sort.)

SCÈNE XIII.

DENNEVILLE, seul.

J'ai manqué me trahir, et j'allais tout gâter. Il sera toujours temps d'en venir là, si je ne réussis pas. Jusqu'ici la guerre était franche et loyale, comme on la fait dans tous les ménages civilisés; mais vouloir réussir par la trahison, livrer les secrets du mari, manquer au droit des gens! c'est là ce qui doit lui porter malheur, et ce qui me donne bon espoir. Ma cause est si juste!

AIR de la Sentinelle.

C'est un mari qui lui-même défend
Et son honneur et ses droits qu'il réclame ;
C'est un mari redevenant amant
Pour mériter et conquérir sa femme.
  Veillez sur moi, sexe enchanteur !
O vous à qui mes vœux se recommandent,
  Soyez mon dieu, mon protecteur,
  Faites aujourd'hui mon bonheur,
  Et que vos maris vous le rendent!

SCÈNE XIV.

DENNEVILLE, GERVAULT. Un Domestique apporte un candélabre qu'il place sur le bureau de Denneville.

DENNEVILLE.
C'est toi, Gervault ; que me veux-tu ?
GERVAULT.
Le dîner qui depuis deux heures vous attend.
DENNEVILLE.
Je n'ai pas le temps, je ne dînerai pas.
GERVAULT.
Est-ce que vous faites encore des vers ?
DENNEVILLE.
Pourquoi cela ?
GERVAULT.
On dit que les poètes ne mangent pas.
DENNEVILLE.
Oui, autrefois, mais maintenant !... Eh bien ! où est ma femme ?
GERVAULT.
Dans son appartement avec deux femmes de chambre.
DENNEVILLE.
Déjà à sa toilette ?
GERVAULT.
Une toilette magnifique.
DENNEVILLE, à part.
Et penser que c'est pour un autre ! comme c'est agréable !
GERVAULT.
J'étais entré pour la prévenir, et elle a répondu juste

comme vous. Il paraît qu'on ne mange plus dans la maison. C'est une économie !

DENNEVILLE.

Toi qui les aimes !

GERVAULT.

Pas celles-là.

DENNEVILLE.

Le plaisir du bal lui fait tout oublier, et sans doute elle était bien gaie.

GERVAULT.

Pas trop ! Il me semblait au contraire que son air jurait avec sa toilette. Elle tenait à la main et relisait de temps en temps un petit billet..

DENNEVILLE, à part.

O ciel !

GERVAULT.

Où j'ai cru reconnaître votre écriture ; c'étaient vos vers sans doute ?

DENNEVILLE.

Oui ! (A part.) C'est ma lettre de ce matin. Cette maudite lettre, dont je ne sais comment paralyser l'effet !

GERVAULT.

Elle était de mauvaise humeur contre tout le monde, contre ses femmes de chambre, contre sa robe de gaze, contre un collier d'opales qui n'allait pas, et qui lui semblait affreux.

DENNEVILLE.

Il serait vrai ! attends, attends. (Il va à son bureau, ouvre un tiroir, et en tire l'écrin, qu'il donne à Gervault.) Tiens, porte-lui cet écrin.

GERVAULT.

Les diamants de ce matin, c'était pour elle ?

####### DENNEVILLE.

Eh! oui, sans doute, une surprise.

####### GERVAULT.

Ah! monsieur, monsieur, mille fois pardon de ce que je vous ai dit tantôt ; je croyais que ces diamants-là devaient s'en aller... en pirouettes.

####### DENNEVILLE.

Qu'est-ce que c'est?

####### GERVAULT.

Si j'avais su... c'est très-bien, très-bien, monsieur. Donnez toujours des diamants à madame; ça vous fait honneur, ça lui fait plaisir, et ça ne sort pas de la maison.

(Il sort.)

SCÈNE XV.

DENNEVILLE seul.

Que dira-t-elle en les recevant?... Allons, voici le moment ; si la colère, si le dépit l'animaient seuls contre moi, je peux par mes soins et par ma tendresse lui faire oublier mes torts, peut-être lui prouver mon innocence. Si elle m'aime encore, je la persuaderai sans peine, elle m'y aidera ; l'amour véritable ne demande qu'à s'abuser lui-même ; mais si elle ne m'aime plus, si je ne puis lui faire sacrifier ce bal, si elle veut y aller avec Edmond, alors, et malgré moi, il faudra bien... C'est elle ; ah! qu'elle est jolie ainsi!

SCÈNE XVI.

DENNEVILLE, CAROLINE, en toilette de bal et ses diamants à la main.

####### CAROLINE, entrant vivement.

Comment? monsieur, dois-je en croire Gervault? et cet écrin qu'il m'a apporté vient-il réellement?...

DENNEVILLE, d'un air de reproche.

De ma part! une simple galanterie, une attention de moi vous semble-t-elle donc une chose impossible?

CAROLINE, embarrassée.

Non, vraiment! mais dans la circonstance où nous sommes...

DENNEVILLE.

Circonstance très-favorable. N'allez-vous pas au bal ce soir?

CAROLINE.

Oui, monsieur, et je ne sais comment vous remercier...

DENNEVILLE.

En les acceptant.

CAROLINE, hésitant.

Moi?

DENNEVILLE.

Je vous en prie.

CAROLINE, à part, et tout en regardant les diamants.

Au fait, il est possible qu'il ait eu des remords, qu'il se soit repenti. Il faut de l'indulgence, et si ce n'était le souper de ce soir...

DENNEVILLE.

Eh bien! madame?

CAROLINE.

Puisque vous l'exigez...

(Elle se place devant la psyché.)

DENNEVILLE.

Dans mon intérêt.

CAROLINE.

Comment cela?

DENNEVILLE.

A ce bal, où vous allez sans moi...

AIR : Pour le trouver, j'arrive en Allemagne. (*Yelva.*)

En vous voyant arriver sous les armes,
J'entends déjà les compliments galants :
    La plupart seront pour vos charmes,
    Quelques-uns pour vos diamants.
Astre brillant, vous allez apparaître !
Et chaque fois que, plein d'un doux émoi,
On s'écrira : *Qu'elle est belle!* peut-être
Sans le vouloir vous penserez à moi.
Quand on dira : *Qu'elle est belle!* peut-être
Sans le vouloir vous penserez à moi.

(Pendant le couplet, Caroline a placé ses diamants, mis le collier, attaché les boucles d'oreilles.)

CAROLINE.

Je n'ai pas besoin de cela! (Soupirant.) Et souvent, au contraire, on désirerait oublier...

DENNEVILLE.

Que dites-vous ?

CAROLINE, se regardant devant la glace.

Rien. Comment me trouvez-vous ?

DENNEVILLE.

Ah! vous n'êtes que trop jolie!

CAROLINE.

Trop! pourquoi?

DENNEVILLE.

Parce qu'à ce bal, comme je vous le disais tout à l'heure, vous allez être entourée par tous les fats et élégants de Paris.

CAROLINE, s'asseyant.

Je l'espère bien.

DENNEVILLE.

Je les vois d'ici s'appuyer sur le dos de votre chaise.

(Il s'appuie sur la chaise.)

CAROLINE.
Prenez garde, monsieur, de me chiffonner.
DENNEVILLE.
Ne craignez rien. Je les vois se pencher vers vous.
(Il se penche vers Caroline.)
CAROLINE.
A peu près comme vous voilà.
DENNEVILLE.
C'est vrai! et nous pouvons supposer que nous y sommes.
CAROLINE.
C'est facile.
DENNEVILLE, s'appuyant négligemment sur sa chaise.
Ils vous diront que jamais vous n'avez été plus jolie, qu'ils n'ont jamais rien vu de plus piquant et de plus attrayant.
CAROLINE.
Diront-ils vrai ?
DENNEVILLE.
Oui, si j'en juge d'après moi. Ils ajouteront qu'il règne dans votre toilette, dans cette légère parure, un bon goût, une grâce que l'on sent, que l'on devine, et que par bonheur on ne peut rendre, car son plus grand charme est d'être indéfinissable.
CAROLINE.
Vous croyez qu'ils diront cela ?
DENNEVILLE.
Je n'en doute point.
CAROLINE.
Et moi, je doute qu'ils le disent aussi bien.

AIR: Monseigneur l'a défendu. (PAULINE DUCHAMBGE.)

COUPLETS.

Premier couplet.

Savez-vous, c'est incroyable,

Que, quand vous le voulez bien,
Vous êtes vraiment aimable?

DENNEVILLE.

Mais cela ne coûte rien
Près d'une femme jolie.

CAROLINE.

Prenez garde, c'est fort mal;
Vous! de la galanterie!

DENNEVILLE.

Puisque nous sommes au bal.

Deuxième couplet.

CAROLINE.

En voyant cet air si tendre,
A d'autres temps je pensais;
Oui, l'on s'y laisserait prendre,
Et je crois que j'écoutais;
J'en étais presque attendrie.

DENNEVILLE.

Prenez garde, c'est fort mal;
Vous! de la coquetterie!

CAROLINE.

Puisque nous sommes au bal.

DENNEVILLE.

Vous voyez alors le danger d'y aller, pour une femme?

CAROLINE.

Vous voyez alors, quand on est mari, le danger de n'y pas aller!

DENNEVILLE.

Quand on ne le peut pas, quand on a des motifs pour rester chez soi...

CAROLINE, vivement et se levant.

Vous, monsieur, vous, des motifs! vous osez en convenir!

DENNEVILLE.

Sans doute, et peut-être, si vous les connaissiez...

CAROLINE, d'un ton de reproche.

Ah! vous vous garderiez bien de me les apprendre.

DENNEVILLE, froidement.

Nullement, et si vous y tenez, ce que je ne crois pas, je puis tout vous avouer.

CAROLINE.

Si j'y tiens!... Ah! parlez, monsieur, parlez; mais n'espérez pas me tromper. Il me faut une entière franchise! et peut-être alors je verrai. Eh bien, monsieur?

DENNEVILLE.

Écoutez! je crois entendre une voiture, on vient vous chercher.

CAROLINE.

Ah! mon Dieu!

DENNEVILLE.

Non, non, la voiture passe.

CAROLINE.

Heureusement.

DENNEVILLE.

Savez-vous que votre chevalier vous fait attendre? c'est fort mal, il fait le mari.

CAROLINE.

C'est possible.

DENNEVILLE.

Il me semble alors que je puis faire l'amant.

CAROLINE.

Vous, monsieur! c'est un rôle que vous avez oublié.

DENNEVILLE.

Que voulez-vous! ce ne sont point de ces rôles qu'on puisse jouer seul. Il faut être secondé, il faut quelqu'un qui puisse vous entendre, et je n'ai point ce bonheur! Dans ce moment, par exemple, plein des plus doux souvenirs, je crois vous voir, il y a deux ans, à pareil jour, parée comme aujourd'hui, aussi brillante, aussi jolie, ah! mille fois plus encore, car alors vous m'aimiez, vous juriez de m'aimer sans cesse.

CAROLINE, à part.

O ciel!

DENNEVILLE.

Que sont devenus vos serments, vous qui ne vous rappelez même plus le jour où ils furent prononcés?

CAROLINE.

Quoi! c'est l'anniversaire de notre mariage!

DENNEVILLE.

Oui, Caroline; oui, c'est aujourd'hui le 5 février, et seul j'y avais pensé; c'était pour le célébrer qu'en secret, et sans en parler à personne, je vous avais préparé cette surprise, ces diamants.

CAROLINE.

Il se pourrait!

DENNEVILLE.

J'espérais mieux encore; j'avais fait un projet, un rêve; je voulais, en mémoire de ce jour, souper ici en tête-à-tête avec vous.

CAROLINE.

Qu'entends-je?

DENNEVILLE.

Le bonheur n'a pas besoin de témoins, et je me faisais une si douce idée d'une soirée passée auprès d'une femme charmante, auprès de la mienne... mais elle va au bal, elle a d'autres projets, et tous mes efforts n'ont pu l'y faire renoncer.

CAROLINE.

O mon ami! mon ami! que j'étais coupable! Je m'en punirai, tu sauras tout.

DENNEVILLE.

Quoi donc ?

CAROLINE.

Je ne veux plus rien avoir de caché pour toi, cela rend trop malheureuse. Apprends donc qu'on m'entourait d'hommages, qu'on me faisait la cour.

DENNEVILLE.

Je ne veux rien savoir.

CAROLINE.

Ah! ce n'est pas pour toi, c'est pour moi-même! ton ami Edmond, tout le premier, il m'aimait... ce n'est pas ma faute.

DENNEVILLE, secouant la tête.

C'est peut-être la mienne ?

CAROLINE.

C'est possible, c'est toi qui le voulais. Quoique insensible à leurs hommages, j'en étais flattée, et peut-être qu'un jour...

DENNEVILLE.

O ciel !

CAROLINE.

On ne sait pas ce qui peut arriver. La preuve, c'est qu'hier il a osé me faire une déclaration écrite.

DENNEVILLE.

Vraiment !

CAROLINE.

Oui, une vraie déclaration. Je ne sais ce que j'en ai fait, je l'ai perdue; sans cela je te la montrerais. Et vois jusqu'où la colère peut nous mener : moi, qui jusqu'à présent l'avais dédaigné, maltraité, j'étais si fâchée contre toi, que je ne sais vraiment...

DENNEVILLE, à part.

Dieu! il était temps.

CAROLINE.

Et le plus indigne, c'est que je t'accusais à tort.

AIR de la romance de *Téniers*.

>Moi t'accuser! est-ce possible?
>Pardonne-moi, je souffrais tant!
>Car je songeais à cette lettre horrible
>Qui ne m'a pas quittée un seul instant.
>Je l'emportais à ce bal qui s'apprête;
>Comme un tourment, elle est là, sur mon sein.
> (La lui donnant.)
>Tiens, tu le vois, sous les habits de fête,
> Il est souvent bien du chagrin!

DENNEVILLE, la prenant.

Ma lettre à Edmond!

CAROLINE.

Oui, voilà ce qui m'avait abusée. Ces diamants, ce tête-à-tête avec une jolie femme... je ne pouvais pas penser à moi, et je te soupçonnais, quand je suis seule coupable!

DENNEVILLE, essuyant une larme.

Pauvre femme! (Avec chaleur.) Non, Caroline, non : tu sauras tout; c'est moi...

CAROLINE.

Eh bien! nous le sommes tous deux, pardonnons-nous mutuellement. Je n'ai pas besoin de te dire que je ne vais plus à ce bal.

DENNEVILLE.

Vraiment!

CAROLINE.

Je reste ici près de toi. Je viens te demander à souper. Me refuseras-tu? Aussi bien je meurs de faim; car, par caprice, je n'ai point dîné.

DENNEVILLE.

Moi non plus.

CAROLINE.

Tu vois bien que nous nous entendions!

DENNEVILLE.

Et ta belle toilette ?

CAROLINE.

Elle aura été pour toi seul, et maintenant elle me pèse, elle me fatigue, il me tarde de m'en délivrer. Sonne ma femme de chambre. (Denneville va pour tirer le cordon de la sonnette. Caroline l'arrête.) Ah! j'oubliais que je lui ai donné congé pour la soirée, mais je m'en passerai bien. (Elle va près de la glace.) Mon ami, voulez-vous m'ôter mon agrafe?

DENNEVILLE, vivement.

Bien volontiers. (S'arrêtant.) Non, non, on vient.

(Musique à l'orchestre.)

SCÈNE XVII.

Les mêmes; GERVAULT, puis EDMOND.

GERVAULT, entrant par le fond à droite.

Voici monsieur Edmond qui demande si madame est visible.

DENNEVILLE.

Oui, sans doute.

EDMOND, entrant en grande toilette de bal.

AIR: Ah! le beau bal. (*La Fiancée*.)

Ah! le beau bal! ah! la belle soirée!
On nous attend, et de ce bal joyeux
J'entends déjà les sons harmonieux.
Eh! mais, que vois-je! à peine êtes-vous préparée?

Ma voiture est en bas, hâtons-nous de partir;
Chaque instant de retard nous dérobe un plaisir.

Ensemble.

EDMOND.

Ah! le beau bal! ah! la belle soirée!
Hâtons-nous de partir.

DENNEVILLE et CAROLINE.

Ah! quel moment! quelle belle soirée!
Pour tous deux quel plaisir!

CAROLINE.

J'en suis fâchée, monsieur; mais je suis revenue du bal, ou plutôt je n'y vais pas.

EDMOND, à part.

O ciel! (Haut.) Je comprends : votre mari a exigé...

CAROLINE.

Non, c'est moi qui veux rester.

DENNEVILLE.

Oui, nous passons la soirée en famille. Mon cher Gervault, voulez-vous avoir la bonté de dire qu'on nous serve à souper?

GERVAULT.

Dans la salle à manger?

DENNEVILLE.

Non, dans la chambre de ma femme, près du feu.

EDMOND, étonné.

A souper?

DENNEVILLE.

Je ne t'invite pas, mon ami, parce que c'est trop bourgeois; mais j'ai avant tout des excuses à te faire.

EDMOND.

A moi!

DENNEVILLE.

Oui; tu avais raison tantôt, c'est bien quatre mille francs que je t'avais vendu mon cheval.

EDMOND.

Comment?

DENNEVILLE, lui montrant la lettre.

Vois plutôt, c'était, parbleu! écrit en toutes lettres.

EDMOND, à part.

Il sait tout.

DENNEVILLE, avec bonhomie.

C'est étonnant comme on peut se tromper! mais dans ce monde, (Regardant Caroline.) il ne s'agit que de s'entendre.

EDMOND.

Je comprends, et je m'en vais.

DENNEVILLE, à demi-voix.

Et comme tu es attendu au bal, je ne veux pas te retenir. (Haut.) Gervault, faites éclairer monsieur le comte.

GERVAULT, prenant le candélabre qui est sur le bureau de Denneville.

Avec plaisir. (A part, montrant Edmond.) Les amants s'en vont, (Montrant Denneville et sa femme.) le bonheur reste; voilà la morale des ménages. Je vais retrouver madame Gervault.

DENNEVILLE, à Edmond qui est près de la porte du fond à droite.

Bonsoir, mon ami.

EDMOND, soupirant.

Bonsoir!

(Edmond est près de la porte du fond, éclairé par Gervault, qui tient un flambeau. Denneville, tenant le bras de sa femme, va pour entrer avec elle dans la chambre à gauche.)

ZOÉ
ou
L'AMANT PRÊTÉ

COMÉDIE-VAUDEVILLE EN UN ACTE

EN SOCIÉTÉ AVEC M. MÉLESVILLE.

Théatre de S. A. R. Madame. — 16 Mars 1830.

PERSONNAGES.	ACTEURS.
ALPHONSE D'AUBERIVE, futur d'Ernestine. MM,	Paul.
DUMONT, régisseur................	Hippolyte.
PIERRE ROUSSELET, fermier.........	Legrand.
ANDRÉ, garçon jardinier............	Bordier.
ERNESTINE DE ROUVRAY........ Mmes	Bérenger.
ZOÉ, fille de l'ancien jardinier du château...	Jenny-Vertpré.

Plusieurs Amis d'Alphonse. — Plusieurs dames amies d'Ernestine. — Valets. — Jardiniers.

Au château de Rouvray.

ZOÉ
ou
L'AMANT PRÊTÉ

Un jardin à l'anglaise, près du château. A droite de l'acteur, un pavillon ouvert du côté des spectateurs, et entouré de massifs ; à gauche, un bosquet et quelques chaises.

SCÈNE PREMIÈRE.
DUMONT, ANDRÉ.

DUMONT, à André.

Faites ce qu'on vous dit, et pas de réflexions ! Vous savez bien que mademoiselle est la maîtresse.

ANDRÉ.

Mais, monsieur Dumont, sortir nos caisses par les gelées blanches d'automne ! ça a-t-il du bon sens ?

DUMONT.

Que t'importe ?

ANDRÉ.

Pour danser !

DUMONT.

Qu'est-ce que cela te fait ? M. le baron de Rouvray, notre maître, n'a d'autre enfant que mademoiselle Ernestine ; par conséquent il ne suit que ses volontés. Faîtes-en autant, et puisque mademoiselle le veut, transformez l'orangerie en salle de bal, et dépêchez-vous.

ANDRÉ.

Mais pensez donc...

AIR : Je loge au quatrième étage. (*Le Ménage de garçon.*)

Si vous les sortez de la serre,
Ces pauvr's orangers vont mourir.

DUMONT.

Eh bien, qu'ils meur'nt, c'est leur affaire ;
La nôtre, à nous, c'est d'obéir.

ANDRÉ.

Mais songez qu' l'hiver va venir.

DUMONT.

Que fait l'hiver à not' maîtresse ?
Elle ne pense qu'aux beaux jours,
Et croit, parc' qu'elle a d' la jeunesse,
Que l' printemps doit durer toujours.

Allez...

(André sort.)

DUMONT, le regardant sortir.

Cet imbécile, qui se croit obligé de prendre les intérêts de la maison ! ça n'a pas la moindre idée du service... (Apercevant Pierre qui arrive par le fond à droite.) Eh ! c'est Pierre Rousselet, le fermier de monsieur.

SCÈNE II.

DUMONT, PIERRE.

PIERRE.

Bonjour, monsieur le régisseur.

DUMONT.

Te voilà donc revenu de Caudebec? As-tu fait de bonnes affaires?

PIERRE.

Mais oui. J'ai acheté quelques bestiaux, des bêtes superbes, et qui se portent... (Lui prenant la main.) A propos de ça, et la santé, monsieur Dumont?

DUMONT.

Pas mal, mon garçon, et toi?

PIERRE.

Dame! vous voyez. Il y en a de plus chétifs.

DUMONT.

Je crois bien. Je ne connais pas de coquin plus heureux que toi. Jeune, bien bâti, riche; car tu étais fils unique, et ton père, en mourant, a dû te laisser un joli magot.

PIERRE.

Je ne dis pas... le magot qu'il a laissé est agréable.

DUMONT.

Eh bien! est-ce que tu ne songes pas à te marier maintenant? Toutes les filles de Rouvray doivent courir après toi.

PIERRE, souriant.

Ah! ah! c'est vrai; elles me font des mines... mais je ne m'y fie pas, parce que ces paysannes, quand on leur fait la cour, il arrive quelquefois des inconvénients. C'est si vétilleux, ces vertus de campagne!

AIR du vaudeville du *Premier prix*.

Malgré vous, ell's vous ensorcellent...
On n' voulait qu' rire et s'amuser;
Puis v'là les famill's qui s'en mêlent,
Et l'on est forcé d'épouser...
Aussi, près de ces demoiselles,
Je ne veux pas changer d'emploi;

J' suis leur amant, je m' moque d'elles,
J' s'rais leur mari qu'ell's s' moqu'raient d' moi.

Moi, d'abord, je n'aime personne, j'ai le bonheur de n'aimer personne. Mais je n'empêche pas les autres, je me laisse aimer. Alors, je peux choisir.

DUMONT.

Ça me paraît juste.

PIERRE.

Comme me disait hier encore la petite Zoé : « Tu n'aimes personne, Rousselet. Alors, tu peux choisir. »

DUMONT.

Zoé ! la fille de l'ancien jardinier, cette petite sotte que monsieur le baron a gardée ici par bonté ! C'est elle qui est ton conseil ?

PIERRE.

Oh ! c'est-à-dire, je cause avec c'te enfant, quand j' la rencontre, parce que c'était la filleule de ma tante Véronique. Elle nous est attachée, et puis elle a quelquefois des idées ; et moi, c'est la seule chose qui me manque. Je ne l'ai vue hier qu'un instant, et elle m'a donné une idée.

DUMONT.

Pour ton mariage ?

PIERRE.

Non, pour ma fortune. C'est ce qui me fait venir de si bonne heure. Dites-moi, monsieur Dumont, vous avez grand monde au château ?

DUMONT.

Parbleu ! Tous les propriétaires des terres voisines ; tous les prétendants à la main de mademoiselle, qui se succèdent depuis trois mois, avec leurs sœurs, leurs cousines... C'est un tapage !...

PIERRE.

Et mam'zelle Ernestine ne s'est pas encore décidée ?

AIR : De sommeiller encor, ma chère. (*Arlequin Joseph.*)

Elle, si jolie et si fraîche,
Qui voit tant d'amants accourir,
De prendre un époux qui l'empêche?

DUMONT.

Ell' te ressemble, ell' veut choisir.
Avant qu' sous l'hymen on se range,
A deux fois faut y regarder...
Car, pour les amants, on les change ;
Mais les maris, faut les garder!

C'est aujourd'hui cependant qu'elle doit se prononcer. Mais malgré les instances de son père, qui, vu sa goutte et ses soixante-huit ans, est pressé de l'établir, mademoiselle passe sa vie à désoler ses amoureux par ses caprices, sa bizarrerie. Je n'en ai jamais vu d'aussi fantasque.

PIERRE.

C'est drôle ! on dit pourtant que, parmi ces jeunes gens, il y en a un plus aimable que les autres.

DUMONT.

M. Alphonse d'Auberive, le fils d'un ancien ami de monsieur le baron, c'est vrai; un jeune homme charmant, de l'esprit, de bonnes manières.

PIERRE.

Et une ferme magnifique, qui est vacante, à ce que m'a dit Zoé.

DUMONT.

C'est possible; mais je doute qu'il obtienne la préférence.

PIERRE.

Pourquoi donc?

DUMONT.

Parce que c'est encore un autre genre d'original. Il a, comme dit mam'zelle, de vieilles idées. Il veut que les femmes soient soumises à leurs maris.

PIERRE.

Bah !

DUMONT.

Et par suite, il ne se prête pas assez aux fantaisies de mam'zelle. Quelquefois même, il lui lance des coups de patte.

PIERRE.

En vérité !

DUMONT.

L'autre jour, il revenait de la chasse ; on était rassemblé sur la terrasse, et mam'zelle venait d'avoir deux ou trois caprices, je ne sais pas trop à quel propos...

PIERRE.

Elle ne le savait peut-être pas elle-même.

DUMONT.

C'est probable. Enfin son père n'osait rien dire ; mais on voyait qu'il souffrait. « Parbleu, dit M. Alphonse entre ses dents, si c'était ma fille, je saurais bien me faire obéir. — Et comment ? dit le papa. — Il y a mille moyens. — Mais enfin ?... — Cela ne me regarde pas. » Dans ce moment, il aperçoit son chien piétinant une plate-bande. Il l'appelle, la pauvre bête hésite... Paf ! il lui décoche un coup de fusil !

PIERRE.

Et le tué ?

DUMONT.

Non ; seulement quelques grains de plomb ! Tout le monde jette un cri. « Pardon, mesdames, dit-il ; c'est seulement pour lui apprendre à avoir des caprices. » Mam'zelle rougit, monsieur le baron se mord les lèvres, et lui, les saluant d'un air gracieux, s'en va tranquillement faire un tour de parc.

PIERRE.

Oh ! là ! là !

AIR du vaudeville de *Voltaire chez Ninon.*

Après c' trait-là, je l' pense bien,
Mam'zell' devait êtr' furieuse.

DUMONT.

Pas trop... mais elle ne dit rien,
Et tout le soir ell' fut rêveuse.

PIERRE.

Y a d' quoi... c'est déjà ben gentil ;
Car s'il veut, après l' mariage,
S' faire obéir à coups d' fusil,
Y aura du bruit dans le ménage !

Eh bien ! je serais désolé que ce ne fût pas lui qui épousât...

DUMONT.

Tu le protèges ?

PIERRE.

Pour qu'il me le rende. Je viens lui demander sa belle ferme des Viviers, qui est tout près d'ici. Alors, vous concevez, étant déjà le fermier de monsieur, je serais plus riche du double, et je pourrais choisir parmi les plus huppées.

DUMONT.

Est-il ambitieux !

PIERRE.

Dites donc, monsieur Dumont, aidez-moi, il y aura un bon pot de vin. Hein ! ça va-t-il ?

DUMONT.

Tais-toi, tais-toi, ne parle donc pas si haut... (A part.) Ce n'est pas à cause de cela... mais au fait, c'est un brave garçon, et...

ZOÉ du dehors.

M. Dumont, M. Dumont !

DUMONT.

Chut ! c'est la petite Zoé.

SCÈNE III.

LES MÊMES; ZOÉ, accourant avec une corbeille de fleurs.

ZOÉ.

Monsieur Dumont, monsieur Dumont!

DUMONT.

Qu'est-ce qu'il y a?

ZOÉ.

Venez vite. V'là une heure que je vous cherche pour vous dire... (Apercevant Pierre.) Ah! c'est Pierre Rousselet!

PIERRE.

Bonjour, bonjour, petite.

DUMONT.

Pour me dire?...

ZOÉ, regardant Pierre.

Eh bien! oui, pour vous dire... (A Pierre.) Vous vous portez bien, monsieur Pierre?

DUMONT, impatienté.

Pour me dire... quoi?

ZOÉ, regardant toujours Pierre.

Dame! je l'ai oublié; je suis venue si vite... Qu'il a bonne mine, ce matin, Pierre Rousselet!

DUMONT.

Au diable la petite niaise, avec son Pierre Rousselet! elle ne sait pas même faire une commission. C'est sans doute pour le déjeuner?

ZOÉ.

C'est ça. Ils déjeunent, et il manque quelque chose.

DUMONT.

Du vin. J'ai les clefs de la cave, j'y cours... (Bas à Pierre.)

Dès qu'ils seront sortis de table, je te ferai parler à
M. d'Auberive.

PIERRE, et ZOÉ.

AIR du ballet de *la Somnambule.*

Mais partez donc promptement,
Allez vite, ils sont à table ;
Ils font tous un bruit du diable,
Pour boire on vous attend.

DUMONT.

J'sais mon affaire,
Et pour leur plaire,
J'vais leur donner du meilleur.

ZOÉ.

Alors, monsieur, donnez-leur
D'celui qu'vous buvez d'ordinaire.

DUMONT, partant.

Tiens... C'te petite bête!

Ensemble.

DUMONT.

Oui, je reviens dans l'instant, etc.

PIERRE et ZOÉ
Mais partez donc promptement, etc.

(Dumont sort par la gauche; Pierre va s'asseoir auprès d'un arbre dans le bosquet. Zoé pose son panier de fleurs sur une chaise du bosquet.)

SCÈNE IV.

ZOÉ; PIERRE, assis.

ZOÉ, à part.

C'te petite bête! Ce vilain régisseur!... Voilà pourtant
comme ils me traitent tous! (Regardant Pierre.) Excepté Pierre;
lui, au moins, ne me dit pas de choses désagréables. Il

est vrai qu'il ne me parle jamais. (Le regardant avec plus d'attention.) Je vous demande, dans ce moment-ci, par exemple, à quoi il peut penser; si toutefois il pense. Si c'était... (Haut et s'approchant un peu.) Monsieur Pierre...

PIERRE, d'un air indifférent.

Ah! vous êtes encore là, Zoé?

ZOÉ, à part.

Comme c'est aimable! (Haut.) Oui. Vous avez l'air tout drôle... (S'approchant de lui tout à fait.) A quoi que vous pensez donc comme ça?

PIERRE.

Ah! dame! je pensais au cabaret de la mère Michaud, où j'ai déjeuné à c'matin.

ZOÉ, soupirant.

Joli sujet de réflexions!

PIERRE.

Figurez-vous qu'ils étaient là une douzaine à me corner aux oreilles : « Pourquoi que tu ne te maries pas, grand imbécile? Au lieu de vivre seul, comme un *grigou*. Que diable! tu as des écus; tu es ton maître. Tu pourrais faire le bonheur d'une honnête fille. »

ZOÉ.

Ah! ça, il y a longtemps que je vous le conseille.

PIERRE, se levant, et s'approchant de Zoé.

C'est bien aussi mon intention; et dès que j'aurai la ferme des Viviers, je prendrai une femme; je signerai les deux baux en même temps.

ZOÉ.

Vous n'avez pas besoin d'attendre.

PIERRE.

Si fait; afin de pouvoir dire à ma prétendue: « Voilà, vingt-cinq ans, un bon enfant, quarante setiers de terre première qualité, physique *idem*, et quelques sacs de côté, pour acheter des dentelles et des croix d'or à madame Rousselet. » C'est à prendre ou à laisser. D'ailleurs, c'est vous qui m'avez fait songer à c'te ferme.

ZOÉ.

C'est vrai; mais ça ne doit pas vous empêcher de faire un choix, parce que, pendant que vous vous consultez, les jeunes filles se marient, et si vous tardez comme ça!...

AIR : de l'aimable Thémire. (ROMAGNÉSI.)

Vous n' pourrez placer, j' gage,
Vot' cœur ni votre argent;
Car dans notre village,
Tout's les fill's, on les prend...
Il n'en rest'ra pas une,
Et je plains vot' destin...
Chez vous s'ra la fortune,
Et l'bonheur chez l' voisin!

PIERRE.

C'qu'elle dit là est assez juste. Il n'y a déjà pas tant d'filles dans le pays. Il y a disette.

ZOÉ, se rajustant.

Oh! on en trouve encore, en cherchant bien.

PIERRE, d'un air de doute.

Hum! voyons, Zoé... vous qui me connaissez d'enfance qui est-ce qui pourrait me convenir?

ZOÉ, timidement.

Dame! faut voir. Il vous faut quelqu'un d'aimable, de gentil...

PIERRE.

Oui, qui me fasse honneur.

ZOÉ.

Quelqu'un qui ne vous taquine jamais; parce que vous êtes vif, sans que ça paraisse.

PIERRE, d'un air tranquille.

Très-vif.

ZOÉ.

Une bonne petite femme qui vous aime bien.

PIERRE.

Et qui ne m'attrape pas.

ZOÉ.

Bien mieux : qui vous empêche d'être attrapé; car vous êtes un peu simple.

PIERRE.

Oh! j'ai l'air comme ça; mais j'suis fûté, sans qu'ça paraisse... (Cherchant.) Ah! dites donc, la grande Marianne?

ZOÉ, faisant la moue.

Oh! non. Est-ce que vous la trouvez jolie, la grande Marianne?

PIERRE.

Mais...

ZOÉ.

Je ne trouve pas, moi. Elle est maigre et sèche...

PIERRE.

C'est vrai qu'elle n'est pas si bien que Catherine Bazu.

ZOÉ, d'un air approbatif.

Ah! voilà une jolie fille.

PIERRE.

N'est-ce pas?

ZOÉ.

Mais elle est coquette.

PIERRE.

Catherine Bazu!

ZOÉ.

Ah! elle est coquette... Il n'y a qu'à la voir les dimanches, elle se pavane, elle fait la belle, sans compter qu'elle change de danseur à chaque instant.

PIERRE.

Ah! si elle change de danseur... il n'y aurait pas ce danger-là avec Babet Leroux?

ZOÉ.

Oh! oui, la pauvre enfant! elle est si douce! et puis elle ne peut pas danser.

PIERRE.

C'est vrai, elle boite; cependant, quand elle est assise, ça ne paraît pas... Nous avons la grosse Gothon?

ZOÉ.

Une mauvaise langue.

PIERRE.

Claudine?

ZOÉ.

Plus vieille que vous.

PIERRE.

Fanchette?

ZOÉ.

Elle épouse Jean-Louis.

PIERRE, se grattant l'oreille.

Diable! voilà tout le village. Je n'en vois plus d'autres.

ZOÉ, à part.

Ah! mon Dieu! il est donc aveugle!

PIERRE.

A moins de prendre dans les mamans. (Comme frappé d'une idée.) Ah! que je suis bête! Je n'y pensais pas.

ZOÉ, avec joie.

L'y voilà enfin.

PIERRE.

Il n'y en a plus ici...

AIR du vaudeville de *l'Écu de six francs*.

Mais c'est demain, v'là mon affaire,
Jour de marché.

ZOÉ.

Qu'est-c' que ça f'ra?

PIERRE.

De tous les environs, j'espère,
Il en viendra... je serai là.
Étant l' premier sur leur passage,
Je serai bien sûr de saisir
Leur cœur...

ZOÉ.

A moins qu'avant d' partir
Ell's n' l'aient laissé dans leur village ;
A moins pourtant qu'avant d' partir,
Ell's n' l'aient laissé dans leur village !

PIERRE.

C'est encore possible. Il y a des amoureux comme ici, peut-être plus... (Regardant vers la gauche.) Mais v'là la compagnie qui sort de table, car je la vois dans les jardins. J'vas vite trouver le régisseur, pour qu'il me fasse parler à M. d'Auberive. Sans adieu, ma petite Zoé... (En s'en allant.) si je trouve ce qu'il me faut, il y aura un cadeau de noce pour vous.

(Il disparaît dans le bosquet.)

SCÈNE V.

ZOÉ, seule, le suivant des yeux.

Est-ce impatientant ! Dire qu'il songe à tout le monde, excepté à moi. (S'essuyant les yeux.) Et il me demande conseil encore! Moi qui l'aime depuis si longtemps, et de si bon cœur! Mais voilà ce que c'est, personne ne fait attention à Zoé, la petite jardinière, personne ne lui fait la cour! et ces vilains hommes ne désirent jamais que ce que les autres veulent avoir.

AIR : Si ça t'arrive encore. (La Marraine.)

J' ne suis pourtant pas mal, je crois;
Mais c'est comm' ça, quand on commence :
Et vous toutes, vous que je vois
Me traiter avec arrogance,
J'aurais bientôt, soit dit sans me louer,
Vingt amoureux comme les vôtres...
Si quelqu'un voulait s' dévouer
Pour encourager les autres.

(Elle regarde vers la gauche.)

Ah! mon Dieu! v'là toute la société qui vient par ici et mes fleurs qui ne sont pas prêtes! Tant pis, je n'ai plus de cœur à rien.

(Elle prend son panier, et entre dans le pavillon.)

SCÈNE VI.

ERNESTINE, ALPHONSE, sortant des jardins à gauche; PLUSIEURS JEUNES GENS des deux sexes; ZOÉ, dans le pavillon.

LE CHOEUR.

AIR : Sous ce riant feuillage. (La Fiancée.)

Des derniers jours d'automne
Hâtons-nous de jouir;
Déjà le vent résonne,
Et l'hiver va venir...
Ainsi, dans le jeune âge,
Profitons des instants;
Le plaisir est volage,
Et dure peu de temps.

Des derniers jours d'automne, etc.

(Les jeunes gens invitent les dames à s'asseoir sur les chaises qui se trouvent dans le bosquet.)

ERNESTINE.

Eh bien! mes bonnes amies, que faisons-nous ce matin

ALPHONSE.

Faut-il aller chercher les châles, les ombrelles?

UNE JEUNE PERSONNE, à la droite d'Ernestine.

On avait parlé d'une promenade à cheval. Qu'en dis-tu, Ernestine?

ERNESTINE.

Oh! non. Je ne connais rien de plus maussade...

ALPHONSE, souriant.

C'est pourtant vous qui l'aviez proposée.

ERNESTINE, sèchement.

C'est possible, monsieur. Mais mon père souffre un peu de sa goutte... Il ne quittera pas le salon, et je ne puis m'éloigner.

TOUS.

C'est juste.

UNE JEUNE PERSONNE.

Eh bien! allons à la chaumière.

ERNESTINE.

Il fait bien chaud.

UNE AUTRE.

Dans la prairie.

TOUS.

Oh! oui, dans la prairie.

ERNESTINE.

C'est bien humide. Du reste, mes bonnes amies, tout ce qui pourra vous amuser.

ALPHONSE, avec ironie.

A quoi bon se promener à la campagne?

ERNESTINE.

Oh! dès qu'on désire faire quelque chose, on est sûr que M. Alphonse s'y opposera.

ALPHONSE.

Moi, mademoiselle?

ERNESTINE.

Je ne connais pas d'esprit plus contrariant. Tout à l'heure encore, lorsque mon père a reçu le billet de faire part de mon cousin de Villeblanche, qui épouse une petite fille de rien, une espèce de grisette, j'ai eu le malheur de m'élever contre un mariage aussi ridicule... Monsieur, pour me contredire, n'a pas manqué de prendre la défense de mon cousin, de soutenir qu'on n'était pas le maître de ses affections, et qu'après tout, si la jeune personne était aimable...

ALPHONSE.

Permettez...

TOUS.

Oh! vous l'avez dit, vous l'avez dit.

(Zoé sort du pavillon et reste dans le fond à droite.)

ALPHONSE.

Un moment. J'ai dit qu'entre deux personnes qui s'aimaient il n'y avait pas de mésalliance, que tout était égal, et que je concevais parfaitement qu'un homme bien épris ne voulût pas sacrifier son bonheur à un sot préjugé. Mais si vous m'aviez laissé finir...

ERNESTINE, avec impatience.

Taisez-vous, monsieur; vous êtes insupportable; il n'y a pas moyen de discuter avec vous. Venez, mesdemoiselles...
(En faisant quelques pas, elle aperçoit Zoé pleurant dans son coin.) Eh! mais, que vois-je?

13.

LES JEUNES PERSONNES.

Oh! la jolie enfant!

ERNESTINE.

C'est notre petite jardinière.

LES JEUNES GENS.

Charmante !

ERNESTINE.

Qu'as-tu donc, Zoé?

ZOÉ, s'essuyant les yeux.

Ne faites pas attention, mam'zelle, c'est que je pleure.

ERNESTINE.

Et pourquoi ?

ALPHONSE, souriant.

Ce n'est pas difficile à deviner, quand une jeune fille pleure...

ERNESTINE.

C'est toujours la faute de ces messieurs. (A Zoé.) C'est ton amoureux qui t'a fait du chagrin?

ZOÉ, pleurant plus fort.

Plût au ciel! Mais ça n'est pas possible.

ERNESTINE.

Comment?

ZOÉ.

Puisque je n'en ai pas.

ERNESTINE.

Tu n'as pas d'amoureux?

ZOÉ.

Non, mam'zelle.

ERNESTINE.

Et c'est pour cela que tu pleures?

ZOÉ.

Il n'y a peut-être pas de quoi?

TOUS.

Est-il possible!

ERNESTINE.

A ton âge!

ZOÉ.

Si ce n'est pas une horreur! Je suis peut-être la seule dans tout le pays, et c'est là ce qui est humiliant. Encore, s'il y avait de ma faute...

AIR : Un soir, dans la forêt voisine. (AMÉDÉE DE BEAUPLAN.)

COUPLETS.

Premier couplet.

Mais j'n'ai pas un reproche à m' faire,
Chacun peut s'en apercevoir.
Pour tâcher d'êtr' gentille et d' plaire,
J'emploie, hélas! tout mon savoir,
Et j' me r'gard' sans cesse au miroir.
J' suis dès l' matin en coll'rett' blanche,
En p'tits souliers, en jupons courts :
En fait de rubans et d'atours,
C'est pour moi tous les jours dimanche...
  Eh bien! eh bien! (*Bis.*)
 Tout cela n'y fait rien,
  Rien!

ALPHONSE, souriant.

Quoi! rien?

ZOÉ.

Non... tout cela n'y fait rien.

Deuxième couplet.

Je n'manque pas un' danse, un' fête ;
Faut voir, avec tous les jeun's gens,
Comme je suis polie, honnête ;
Et lorsque deux danseurs galants

Vienn'nt m'inviter en même temps,
Avec une obligeance extrême,
Et pour ne fâcher aucun d'eux,
Je les accepte tous les deux,
Et quelquefois même un troisième.
Eh bien ! eh bien ! (*Bis.*)
Tout cela n'y fait rien.
Rien !

ALPHONSE.

Quoi ! rien ?

ZOÉ.

Non... tout cela n'y fait rien.

LES JEUNES GENS.

Elle est délicieuse !

(Zoé passe à droite.)

ERNESTINE, riant.

Pas un amoureux !

ALPHONSE et LES JEUNES GENS.

C'est une indignité !

ZOÉ.

C'est une injustice. Il y en a tant qui en ont deux !

ALPHONSE, souriant.

Vraiment ! même au village ?

ZOÉ.

Au village et ailleurs. V'là mam'zelle, par exemple, qui en a cinq ou six autour d'elle. Ça fait tort aux autres ; ça n'est pas généreux.

ALPHONSE, d'un air de reproche.

Elle a raison.

ERNESTINE.

Vous trouvez ? eh bien ! je veux faire quelque chose pour elle.

ZOÉ, vivement.

Est-ce que vous m'en donneriez un ?

ALPHONSE.

Eh bien! par exemple...

ZOÉ.

Dame! c'est les riches qui doivent donner aux pauvres.

ERNESTINE, à Zoé.

Écoute, Zoé; je ne puis pas te donner un amoureux en toute propriété. (Regardant les jeunes gens d'un air aimable.) Je suis pour cela trop intéressée; mais je puis t'en prêter un.

TOUS.

Comment! en prêter un?

ALPHONSE.

Quelque nouveau caprice!

ZOÉ, sautant de joie.

Quel bonheur! Eh bien! mam'zelle, c'est tout ce que je vous demande, parce que je gagerais que, dès qu'il y en aura un, ça fera venir les autres. Il n'y a que le premier qui coûte; et puis je vous le rendrai exactement, je vous le jure. Je suis une honnête fille.

ERNESTINE.

Je n'en doute pas... Eh bien! regarde, tous ces messieurs me font la cour, choisis celui qui te plaira le plus.

AIR : Oui, je suis grisette. (PLANTADE.)

Que le seul mérite
Décide ton choix.

ZOÉ, passant au milieu.

V'là pourquoi j'hésite,
C'est trop à la fois.

TOUS.

Vraiment elle hésite
Et tremble, je crois;
Que le seul mérite
Décide son choix.

ZOÉ.

C'est trop de richesse ;
Pourtant je sens là
Qu' si j'étais maîtresse,
J' prendrais celui-là.

(Elle désigne Alphonse.)

TOUS.

Vraiment la petite
S'y connaît, je crois ;
Et le seul mérite
A dicté son choix.

ZOÉ, faisant des excuses aux autres.

J' voudrais, dans mon zèle,
N'en fâcher aucun ;
Mais mademoiselle
Ne m'en prête qu'un.

TOUS.

Vraiment la petite
S'y connaît, je crois,
Et le seul mérite
A dicté son choix.

(Zoé passe à gauche du théâtre.)

ERNESTINE, à part.

Excellente occasion de me venger de lui ! (A Alphonse.) Eh bien ! monsieur, je vous ordonne, pendant trois heures, de faire la cour à mademoiselle.

ALPHONSE.

A mademoiselle Zoé ?

ZOÉ, joignant les mains.

Enfin, en voilà donc un !

ERNESTINE.

Cela ne peut vous déplaire, c'est tout à fait dans votre système : pourvu que la personne soit aimable...

ALPHONSE, passant auprès d'Ernestine.

Mais vous n'y pensez pas, une pareille plaisanterie...

ERNESTINE.

Je ne plaisante pas. Vous êtes le chevalier de Zoé pour trois heures; ce n'est pas long. Allons, monsieur, soyez galant, attentif; bien soumis surtout : de ce côté-là, vous avez beaucoup à apprendre, et je serai ravie qu'une autre achève votre éducation.

ALPHONSE, sur le devant du théâtre.

Voilà bien l'idée la plus extravagante! Je ne m'y soumettrai pas.

ERNESTINE, à mi-voix.

Prenez garde, c'est aujourd'hui que je choisis mon époux, je veux voir jusqu'où peut aller son obéissance, et si vous hésitez, je vous exclus.

ALPHONSE.

Ciel!

Ensemble.

ERNESTINE.

AIR de contredanse.

Quel plaisir! comme il enrage!
Oui, grâce à ce badinage,
Il m'obéira, je gage,
Et je le rendrai plus sage.
Quel plaisir! comme il enrage!
Désormais, soumis et sage,
Il m'obéira, je gage,
Et nous ferons bon ménage :
Car, je le vois, il enrage;
Quel plaisir! comme il enrage!

LE CHŒUR.

Quel plaisir! comme il enrage!
Oui, grâce à ce badinage,
Il obéira, je gage,

Et vous le rendrez plus sage.
Quel plaisir! comme il enrage!
Désormais, soumis et sage,
Il obéira, je gage,
Et vous ferez bon ménage;
Car je le vois, il enrage;
Quel plaisir! comme il enrage!

ALPHONSE.

Quel tourment! comme j'enrage!
Mon supplice est son ouvrage;
Mais d'un pareil badinage
Je me vengerai, je gage...
Quel tourment! comme j'enrage!
Pour être heureux en ménage,
D'un si cruel esclavage
Il faut que je me dégage...
Quel tourment! comme j'enrage!
Quel tourment! comme j'enrage!

ZOÉ.

Quel bonheur est mon partage!
Un tel amant, je le gage,
Va surprendr' tout le village,
Et m' vaudra plus d'un hommage :
Quel bonheur est mon partage!
Quoiqu' ce soit un badinage,
Cet amant-là, je le gage,
Hâtera mon mariage.
Quel bonheur est mon partage!

TOUS LES JEUNES GENS, à Alphonse.

Tu n'es pas trop à plaindre.
(Montrant Zoé.)
Elle est fort bien... console-toi.

ALPHONSE, à part.

Comme il faut se contraindre!
(A Ernestine.)
Mais, Ernestine, écoutez-moi.

ERNESTINE.
Non, monsieur...

ALPHONSE.
C'est affreux.
Ce supplice est trop rigoureux.

ERNESTINE, bas.
Il suffit... je le veux.

ALPHONSE.
J'obéis...

ERNESTINE, bas à ses compagnes.
Il est furieux.

Ensemble.

ERNESTINE.
Quel plaisir ! comme il enrage ! etc.

LE CHŒUR.
Quel plaisir ! comme il enrage ! etc.

ALPHONSE.
Quel tourment ! comme j'enrage ! etc.

ZOÉ.
Quel bonheur est mon partage ! etc.

(Tout le monde sort, excepté Alphonse et Zoé.)

SCÈNE VII.

ALPHONSE, ZOÉ.

ALPHONSE, d'un côté et à part.
Celui-ci vaut tous les autres. Impossible de la corriger ! Ah ! si je ne l'aimais pas comme un fou...

ZOÉ, de l'autre côté, et le regardant.
C'est qu'il est bien, mon amoureux !

ALPHONSE, de même.

Et pendant qu'elle m'impose cette ridicule condition, elle court au salon où les autres vont lui parler de leur amour. Ce M. Gustave surtout, un fat que je ne puis souffrir.

ZOÉ.

Je suis curieuse de voir comment ils font la cour aux belles dames ; ils doivent leur dire de jolies choses.

ALPHONSE, de même.

Ma foi, j'ai envie de laisser là cette petite, et de retourner... Oh ! elle ne me le pardonnerait jamais.

ZOÉ, à part.

Ah çà ! qu'est-ce qu'il a donc ? il ne fait pas plus d'attention à moi... (Haut.) Dites donc, monsieur...

ALPHONSE, sans la regarder.

C'est bien, c'est bien, ma petite.

ZOÉ, piquée.

Mais du tout ; c'est que c'est très-mal. D'abord, monsieur, si vous êtes distrait comme ça, j'irai me plaindre à mam'zelle.

ALPHONSE.

Celui-là est un peu fort.

ZOÉ.

Certainement que je me plaindrai !... Faut convenir que j'ai bien du malheur ; même ceux qui y sont obligés y renoncent.

AIR du vaudeville du *Piège*.

Sans me r'garder, il reste là ;
Voyez un peu l' bel avantage !
Des amoureux comme cela,
On n'en manque pas au village.
Et pour tomber sur un amant
Qui n' dit rien, et reste immobile...

C' n'était pas la peine, vraiment,
De l' faire venir de la ville !

ALPHONSE, souriant malgré lui.

Elle a raison. J'aurai plus tôt fait de la mettre dans mes intérêts... (Se rapprochant.) Eh bien ! mon enfant ?

ZOÉ.

A la bonne heure ! On vous a dit d'être aimable et galant. Venez là, près de moi.

ALPHONSE, la regardant.

Au fait, je ne l'avais pas remarquée ; elle n'est pas mal, cette petite... (Haut et s'approchant d'elle.) Voyons, mademoiselle Zoé, puisque je suis votre amoureux provisoire, nous devons avoir l'un pour l'autre une confiance sans bornes. (Avec douceur.) Comment ! vous n'en avez pas d'autre que moi... bien vrai ?

ZOÉ.

Ah ! dame !

ALPHONSE, le doigt sur la bouche.

Ne mentez pas ; c'est dans votre intérêt. Je ne serai pas toujours votre amoureux, et je puis toujours être votre ami.

ZOÉ.

Quelle drôle de question ! Mais, après tout, vous avez l'air si bon, que ce serait bien mal de vous tromper.

ALPHONSE.

A merveille ! Nous avons donc un amant ?

ZOÉ, baissant les yeux.

C'est selon. Qu'est-ce que vous entendez par là ? C'est-y quelqu'un que nous aimons, ou quelqu'un qui nous aime ?

ALPHONSE.

Quelqu'un qui nous aime.

ZOÉ, soupirant.

Alors, comme je vous le disais, je n'en ai pas. Il n'y a que moi qui pense à lui, et lui ne pense pas à moi.

ALPHONSE.

Est-il possible !

ZOÉ.

Que voulez-vous...

AIR de la Promise du Poitou. (Mme PAULINE DUCHAMBGE.)

COUPLETS.

Premier couplet.

Je n'ai guère d'attraits,
Et n'ai point de richesse :
C'est pour ça qu'il m' délaisse.
Ah ! comm' je m' vengerais !...
Si j'avais d' la fortune,
Et qu'il n'en eût aucune,
C'est lui que je prendrais.

ALPHONSE.

Et dites-moi, cet amoureux-là, l'aimez-vous autant que moi, qui suis en titre ?

ZOÉ, embarrassée.

Mais...

Deuxième couplet.

On le trouve un peu niais,
Et vous êt's ben aimable ;
Il n'est guère agréable,
Et vous êt's des mieux faits.
Pourtant si, d'un air tendre,
Il m' disait : « Veux-tu m' prendre ? »
C'est lui que je prendrais.

ALPHONSE, à part.

Pauvre petite ! Ah ! si Ernestine pensait comme elle !

ZOÉ.

Est-ce que ça vous fâche, monsieur?

ALPHONSE, badinant.

Mais certainement. Il est fort désagréable de penser que tu t'occupes d'un autre.

ZOÉ.

Oh! oui, ça fait mal, n'est-ce pas? Vous en savez quelque chose, vous qui aimez tant mademoiselle Ernestine, et qui êtes loin d'elle. Aussi, j'ai presque regret de vous avoir choisi, car je n'aime pas à faire de la peine, et si vous voulez, je vous rends votre parole. Allez, monsieur, allez la retrouver.

ALPHONSE, vivement.

Non, non vraiment, tu mérites que l'on s'intéresse à toi; et puisque tu m'as donné la préférence, c'est à moi de te protéger, d'assurer ton bonheur.

ZOÉ.

C'est difficile.

ALPHONSE, la cajolant.

Pas tant que tu crois. On peut ramener ton amant; et puis, si ce n'est pas lui, il y en a tant d'autres... C'est qu'elle est charmante, d'honneur!

AIR : Pour lui, c'te faveur nouvelle. (Épisode de 1812.)

Aimable, douce et gentille,
Chacun voudra sécher tes pleurs;
Et jamais une jeune fille
N'a manqué de consolateurs.

ZOÉ.

Vous croyez?

ALPHONSE.

Moi-même, d'avance
Je m'offre, me voilà.

ZOÉ.

Grand merci de votre obligeance.
(Il veut l'embrasser.)
Mais, monsieur, que faites-vous là ?

ALPHONSE, souriant.

Je remplis en conscience
L'emploi que l'on me donna.

ZOÉ.

J' vois qu'il a de la conscience,
Car il n'est là... que pour ça.

Ensemble.

ZOÉ.

Mais de tant d'obligeance,
Monsieur, je vous dispense :
Sur ma reconnaissance
Comptez, malgré cela ;
Car ce service-là
Jamais ne s'oubliera.

ALPHONSE.

Quelle aimable innocence !
De ta reconnaissance
Ici je te dispense ;
Car j'y prends goût déjà :
Et de ce baiser-là
Mon cœur se souviendra.

(Il l'embrasse et aperçoit Pierre.)

ALPHONSE.

Hein ! qui vient là ?

SCÈNE VIII.

LES MÊMES ; DUMONT, PIERRE

PIERRE, s'arrêtant étonné.

Pardon, monsieur.

ZOÉ, à part.

C'est Pierre.

ALPHONSE.

Qu'est-ce qu'il y a?

PIERRE, déconcerté.

Je vous dérange peut-être?

DUMONT, à Alphonse.

C'est Pierre Rousselet, le fermier de M. le baron, qui désire parler à monsieur, de sa ferme des Viviers; il voudrait avoir le bail.

ALPHONSE.

Pierre Rousselet?

DUMONT.

C'est un très-brave garçon, que j'ose recommander à monsieur.

ZOÉ, faisant une profonde révérence à Alphonse.

Oh! oui, c'est un très-brave garçon, que j'ose recommander à monsieur.

ALPHONSE, la regardant.

C'est bien. Du moment que tu t'y intéresses, nous nous entendrons.

PIERRE, qui est resté en arrière avec Dumont.

J'aurai la ferme.

ALPHONSE.

Mais avant tout, monsieur le régisseur, je voudrais envoyer sur-le-champ deux mots au notaire du village.

DUMONT, bas à Pierre.

C'est pour le bail... (Haut à Alphonse.) Il y a tout ce qu'il faut pour écrire dans ce pavillon.

ALPHONSE.

Le notaire sera-t-il chez lui?

PIERRE.

Certainement. Tous les jeunes gens du pays y sont rassemblés ce matin : une assurance mutuelle qu'ils font pour s'exempter de la guerre.

ALPHONSE.

Tous les jeunes gens... à merveille!

AIR du vaudeville du *Baiser au porteur.*

Quand ma foi sera dégagée,
C'est, je crois, le meilleur moyen
De marier ma protégée.
C'est généreux! car je sens bien
Qu'il est cruel de quitter un tel bien.
Mais plus heureux que ne le sont peut-être
Bien des maris et bien des gens d'honneur,
J'aurai du moins le bonheur de connaître
Et de choisir mon successeur!

(Il entre dans le pavillon avec Dumont.)

PIERRE, regardant Zoé.

C'est singulier! comme elle a du crédit sur lui, et comme il la regardait! (Haut.) Qu'est-ce qu'il te disait donc là, Zoé, quand je suis arrivé?

ZOÉ, d'un air indifférent.

Qui?

PIERRE.

M. d'Auberive.

ZOÉ.

Ah! lui? il me faisait la cour.

PIERRE, riant.

Bah! il te faisait la cour! à toi?

ZOÉ.

Oui; il disait qu'il me trouvait gentille, que je lui plaisais.

PIERRE, riant.

Ah! ah! par exemple; laisse donc, un grand seigneur...

ZOÉ, le regardant en dessous.

Dame! c'est que les grands seigneurs s'y connaissent mieux que les autres.

PIERRE.

C'est vrai; mais eux qui ont tant de belles dames!

ZOÉ.

Justement, ça les change.

PIERRE.

C'est égal, il ne me serait jamais venu à l'idée qu'il fît attention à une petite fille comme ça; il a là un drôle de goût.

ZOÉ, à part.

Est-il malhonnête!

PIERRE.

Quant à moi, qui ai la main heureuse... Dis donc, Zoé, (A demi-voix) j'ai suivi ton conseil. C'est Catherine Bazu que j'épouse.

ZOÉ, à part.

Ah! mon Dieu!... (Haut et troublée.) Comment! vous vous êtes décidé?

PIERRE.

Oui, tu m'as tant répété qu'il n'y en avait plus; et puis j'ai rencontré la mère Bazu qui m'a dit que plusieurs prétendants avaient des idées sur sa fille, et ça m'en a fait venir, parce que, moi, dès que quelqu'un a une idée, je dis : V'là mon affaire. Alors, je n'ai pas perdu la tête, je l'ai demandée tout de suite; et la mère Bazu m'a promis que si j'avais la ferme des Viviers, sa fille était à moi.

ZOÉ, à part.

O ciel!

PIERRE.

Et comme il vient presque de me l'accorder, je suis tranquille... (Remarquant le trouble de Zoé.) Eh bien! qu'avez-vous donc?

ZOÉ.

Rien, monsieur Pierre. Je vous souhaite bien du bonheur.

PIERRE.

Chut ! le voilà qui revient.

ZOÉ, à part.

C'est fini, il va l'épouser.

(Alphonse et Dumont sortent, en causant, du pavillon ; André paraît dans le fond.)

DUMONT, à Alphonse.

Je dis, monsieur, que vous, qui blâmez les caprices de mademoiselle Ernestine, vous avez bien aussi les vôtres. Donner dix mille francs de dot à cette petite !

ALPHONSE, à demi-voix.

Tais-toi.

DUMONT.

Elle ne manquera pas de partis.

ALPHONSE.

C'est ce que je veux. (Apercevant André qui ratisse près de l'allée.) André, ce billet à l'instant chez le notaire.

ANDRÉ.

Oui, monsieur.

ALPHONSE, à Pierre.

Et maintenant, monsieur Pierre Rousselet, je suis à vous.

(Il va pour sortir.)

ZOÉ, l'arrêtant.

Comment, mon amoureux, vous me quittez encore ?

ALPHONSE.

Pour un instant.

ZOÉ, à demi-voix.

Ah ! écoutez donc ; je n'ai que trois heures, si vous prenez comme ça des congés...

ALPHONSE, souriant.

Je vais revenir.

ZOÉ.

A la bonne heure! Mais je voudrais vous dire un mot.

ALPHONSE, revenant.

C'est trop juste; je suis à tes ordres.

PIERRE, à part.

Comme elle le fait marcher!

ALPHONSE, à Zoé.

Qu'est-ce que c'est?

ZOÉ.

C'est... (A Pierre et à Dumont qui se sont approchés pour écouter.) Laissez-nous donc, vous autres.

(Pierre et Dumont s'éloignent et se retirent auprès du pavillon.)

ALPHONSE.

Eh bien?

ZOÉ, bas.

C'est que... vous êtes mon amoureux, n'est-ce pas?

ALPHONSE, bas.

Sans doute.

ZOÉ, bas.

Et un amoureux, ça doit obéir.

ALPHONSE.

Aveuglément.

ZOÉ, de même.

Alors, cette ferme que Pierre Rousselet vous a demandée, il faut...

ALPHONSE.

Sois tranquille, tu me l'as recommandé; il l'aura.

ZOÉ, bas.

Non, au contraire, il faut la lui refuser.

ALPHONSE, surpris.

Ah!

ZOÉ.

Oui ; je le veux.

ALPHONSE.

C'est différent. (Regardant Pierre, qui le salue en signe de remerciement.) Pauvre garçon ! moi qui croyais que c'était lui. (A Zoé.) Alors, je la garderai pour l'autre.

ZOÉ.

C'est ça, pour l'autre.

ALPHONSE, à voix basse.

Mais à une condition. C'est que lorsque l'horloge du château sonnera deux heures, tu m'attendras au bout de ce bosquet, près de la pièce d'eau. (A part.) Je veux être le premier à lui annoncer ce que je fais pour elle.

ZOÉ.

Près de la pièce d'eau ! pourquoi donc ?

ALPHONSE.

J'ai à te parler ; tu sais bien, pour l'autre.

ZOÉ.

Ah ! oui.

ALPHONSE.

Ainsi, tu viendras ; ne l'oublie pas, à deux heures.

ZOÉ.

C'est convenu, à deux heures. (Haut et regardant Pierre en dessous.) Adieu, monsieur. Ne me faites pas attendre, au moins !

ALPHONSE, à Pierre.

Venez, monsieur Pierre.

PIERRE.

Voilà, monsieur. (A part.) Cette petite Zoé m'a donné un fier coup de main, là.

(Alphonse est entré dans le pavillon, Pierre y entre après lui.)

ZOÉ, à part.

Si maintenant Catherine Bazu l'épouse, ce ne sera pas du moins pour la ferme.

SCÈNE IX.

DUMONT, ZOÉ.

DUMONT, à part.

A-t-on jamais vu ! dix mille francs de dot à mademoiselle Zoé ! et il charge le notaire d'en prévenir les jeunes gens du village... Certainement, je ne suis pas un jeune homme ; mais dix mille francs, ça m'irait aussi bien qu'à un autre, c'est de tous les âges. Elle ne sait rien, je serai le premier en date. Ma foi, brusquons l'aventure. (Haut.) Zoé, Zoé...

(Il s'approche d'elle.)

ZOÉ, à part.

Ah ! mon Dieu ! c' méchant régisseur ; il va encore me gronder.

DUMONT.

Viens ici, Zoé, j'ai à te parler. Tu sais que je m'intéresse à toi ; je t'ai vue naître, et je t'ai toujours aimée...

ZOÉ.

Ah ! bien, vous cachiez joliment votre jeu. Vous étiez toujours à crier : *Ah ! le vilain enfant ! qu'il est maussade !*

DUMONT.

Parce qu'on te gâtait. (Lui prenant la main.) Et moi, qui t'aimais véritablement... Mais viens de ce côté. (Il la mène du côté opposé au pavillon.) Il n'est pas nécessaire qu'on nous entende de ce pavillon.

(Il lui parle bas à l'oreille.)

14.

ZOÉ.

Vraiment! (Dumont lui parle encore bas.) Est-ce que par hasard?... (Dumont lui parle encore bas, avec plus de chaleur.) Ah! mon Dieu! m'épouser!

DUMONT.

N'aie donc pas peur, et surtout ne crie pas ainsi!

ZOÉ.

Moi! madame Dumont! moi qui n'ai rien!

DUMONT.

Tu es plus riche que tu ne crois. (Étonnement de Zoé.) Cette grâce, cette gentillesse... (A part.) Car au fait, je ne sais pas pourquoi on n'y faisait pas attention, à cette enfant, elle est très-bien.

ZOÉ, à part.

Encore un qui s'en aperçoit!

DUMONT.

Eh bien?

ZOÉ.

Écoutez : je ne dis pas non, je ne dis pas oui.

DUMONT.

C'est bien vague.

ZOÉ.

Il faut que je voie si votre amour est sincère.

DUMONT, à ses pieds.

Ah! je te jure, sur mon honneur...

ZOÉ, l'imitant.

C'est bien vague.

DUMONT.

Espiègle!

ZOÉ OU L'AMANT PRÊTÉ

ZOÉ, à part.

AIR du vaudeville de *la Petite sœur.*

Ah ! grand Dieu ! si Pierre était là !

DUMONT.

L'affaire est-elle terminée ?

ZOÉ.

Je n' peux rien dire.. l'on verra.
(A part.)
En v'là deux dans la matinée.

DUMONT.

Tu parais troublée.

ZOÉ.

Oui, beaucoup.
Un amant dans cette attitude !...
Ça vous surprend un peu ; surtout
Quand on n'en a pas l'habitude.

PIERRE, sortant du pavillon.

Eh ben ! en voilà un autre.

ZOÉ, jetant un cri.

Ah !...

DUMONT, se relevant.

Au diable l'imbécile !

(Il s'esquive.)

SCÈNE X.

PIERRE, ZOÉ.

ZOÉ, à part.

C'est bien fait. (Haut.) Tiens, c'est encore vous, monsieur Pierre ?

PIERRE, avec humeur.

Pardi ! faut bien que je passe quelque part, mam'zelle ; je ne pouvais pas me douter que vous étiez en affaires.

ZOÉ.

Eh! mais, on dirait que vous avez de l'humeur?

PIERRE.

Ce n'est pas sans raison. Tous les malheurs à la fois. M. d'Auberive qui, pendant une heure, ne me parle que de vous... « Ah! qu'elle est gentille! qu'elle est agréable! »

ZOÉ.

Ça vous fait de la peine?

PIERRE.

Non; mais ce n'est pas de ça qu'il s'agissait, c'était de la ferme, et il me la refuse.

ZOÉ, avec joie.

Il vous la refuse? (Avec compassion.) Pauvre garçon! (A part.) Ah! que mon autre amoureux est aimable!

PIERRE.

Et au moment où je viens vous raconter ça, à vous qui me donnez des conseils, v'là que je trouve ici ce régisseur, qui était à vous cajoler.

ZOÉ, d'un air étonné.

Ah! il vous refuse la ferme! et pourquoi donc?

PIERRE.

Est-ce que je sais? il n'a pas voulu me donner de raisons! et puis je ne l'écoutais pas; je pensais à d'autres idées qui me venaient... Ah çà! qu'est-ce qu'il faisait donc là, ce régisseur?

ZOÉ, légèrement.

Le régisseur... oh! il me parlait de quelque chose... Est-ce que M. d'Auberive a promis le bail à quelqu'un?

PIERRE.

Je ne crois pas, parce qu'il m'a dit : « Je verrai plus tard; ça dépendra... » Et qu'est-ce qu'il vous disait donc, ce régisseur?

ZOÉ.

Bon! il faisait le galant.

PIERRE.

Ah! il faisait le galant, lui aussi!

ZOÉ.

C'est-à-dire il veut m'épouser.

PIERRE, frappé.

Vous épouser! rien que ça!

ZOÉ, à part.

Eh! mais, comme il paraît troublé!

PIERRE, à part.

L'épouser! je ne l'aurais jamais cru. (Haut.) Mais vous ne l'écoutiez pas?

ZOÉ.

Ah! dame, une demoiselle écoute toujours.

PIERRE.

Eh bien! eh bien! mam'zelle, vous qui dites que les autres changent souvent de danseur, il me semble que vous ne vous refusez pas non plus ce petit plaisir-là.

ZOÉ.

Moi!

PIERRE.

Vous en aviez déjà un, M. Alphonse.

ZOÉ.

Eh bien! je n'ai pas changé pour ça.

PIERRE.

Comment! ça vous en fait deux.

ZOÉ.

Sans doute, un mari et un amoureux.

PIERRE, à part.

Dieu! a-t-elle de l'esprit! (La regardant d'un air ravi.) Et est-elle jolie comme ça de profil! je ne l'avais pas encore vue de profil.

ZOÉ, à part, le regardant en dessous.

Je crois que ça commence.

(Au moment où Pierre se rapproche pour parler à Zoé, André se trouve entre elle et lui.)

PIERRE, voyant André.

Ah! voilà un autre profil.

SCÈNE XI.

PIERRE, ANDRÉ, ZOÉ.

PIERRE, à André qui tient des lettres à la main.

Qu'est-ce que tu veux? qu'est-ce que tu demandes?

ANDRÉ.

Ce n'est pas vous, c'est mam'zelle Zoé, un paquet de lettres que je rapporte pour elle de chez le notaire.

(Il donne les lettres à Zoé.)

PIERRE.

C'est bon; va-t'en (André s'en va.) Des lettres, un notaire; qu'est-ce que cela veut dire?

ZOÉ.

Je n'y comprends rien; on ne m'écrit jamais, et pour bonnes raisons... Mais vous, monsieur Pierre, qui savez lire?...

(Elle lui donne les lettres.)

PIERRE, les prenant.

Avec plaisir; c'est mon fort, la lecture : le reste, je ne dis pas. (Il lit comme un écolier.) « Mam'zelle, depuis que je « vous adore, excusez si je ne vous en ai rien dit... »

ZOÉ.

Comment! c'est une lettre d'amour?

PIERRE, haussant les épaules.

Comme c'est écrit !

ZOÉ.

Mais pas mal... « Je vous adore. » Continuez.

PIERRE, continuant.

« C'est que mon respect était égal à mon silence. Mais « si l'offre de ma main et de ma fortune... » (S'interrompant.) Que c'est bête ! ma main et ma fortune ; ils n'ont que ça à dire ; ça doit être beau ! Quel est donc l'animal qui écrit de pareilles sottises ? (Il regarde la signature.) Jean L'huillier.

ZOÉ.

Jean L'huillier, le menuisier ; un joli garçon !

PIERRE.

Oui, un grand échalas.

ZOÉ.

Et les autres ?

PIERRE, parcourant les lettres.

Toutes de même.

ZOÉ.

Ils veulent tous m'épouser ?

PIERRE, lisant les signatures.

Jérôme Dufour, André Leloup, Christophe l'Ahuri... en v'là-t-il ! en v'là-t-il !

AIR : J'en guette un petit de mon âge. (*Les Scythes et les Amazones*.)

J' crois qu'il en sort de dessous terre.

ZOÉ, à part.

V'là qu'ils arriv'nt !... Est-ce étonnant !

PIERRE.

C'est pire qu'une folle enchère,
Et tout l' monde en veut maintenant.
(Regardant les lettres.)
La provision est assez ample,

Car tout le village après elle s'est lancé,
D'puis que l' seigneur a commencé.

ZOÉ.

Ce que c'est que le bon exemple!

(A part et regardant Pierre.) Et ça ne lui fait rien; il se tait ; cependant il souffre ! Peut-on être dur comme ça à soi-même!

PIERRE, hésitant.

Et de tous ceux-là, lequel que vous choisiriez?

ZOÉ, le regardant en dessous.

On ne sait pas ; il peut s'en présenter d'autres.

PIERRE, à part.

Au fait, elle a raison. Si je tarde encore... Jusqu'à présent, il n'y en a que deux qui en valent la peine : le seigneur et le régisseur. On serait le troisième, et le numéro 3 n'est pas trop mauvais. Si j'osais... j'ai envie d'oser... (A Zoé) Mam'zelle !

ZOÉ, se rapprochant.

Qu'est-ce que c'est?

PIERRE.

Eh bien!... (A part.) Ah! mon Dieu! et Catherine Bazu qui a ma parole! Si j'allais me trouver deux femmes sur les bras ! Faut que je me dégage.

(On entend sonner deux heures.)

ZOÉ.

Ah! mon Dieu! et mon amoureux qui m'attend!

PIERRE.

Vot' amoureux !

ZOÉ.

J'ai promis d'aller le rejoindre à deux heures.

PIERRE.

Pourquoi donc?

ZOÉ.

Je ne sais pas.

PIERRE.

Et où ça?

ZOÉ.

Au bout de cette allée.

PIERRE.

Et vous irez?

ZOÉ.

Certainement. Moi, d'abord, je n'ai que ma parole. (Regardant du côté du bosquet.) Justement je l'aperçois.

(Elle y court.)

PIERRE, voulant l'arrêter.

Eh bien! attendez donc, mam'zelle; moi aussi j'ai à vous parler.

ZOÉ, en s'en allant.

Ce sera pour une autre fois; (A part.) ça lui apprendra à se décider.

(Elle disparaît dans le bosquet.)

SCÈNE XII.

PIERRE, seul, puis ERNESTINE.

PIERRE.

Mam'zelle, écoutez-moi donc... Elle y va, c'est qu'elle y va; a-t-on jamais vu! cette petite... son amoureux! un amoureux comme ça à une fille de village... qu'est-ce qui nous restera à nous autres? (Regardant dans le bosquet.) Oui vraiment! il n'était pas loin, le voilà! il lui donne le bras... Ah! mon Dieu! ils disparaissent derrière les bosquets. Si encore je m'étais déclaré, si elle était ma femme, j'aurais le droit de me fâcher; c'est un agrément, mais je n'ai rien à dire, et je suis obligé de rester là, les bras croisés, comme un pur et simple jobard.

ERNESTINE, entrant par le fond à droite.

Ah ! te voilà, Pierre, qu'est-ce que tu fais donc là ?

PIERRE.

Rien, mam'zelle.

ERNESTINE.

As-tu vu passer M. Alphonse ?

PIERRE.

Si je l'ai vu ? Certainement ; et ce qui me fait le plus enrager, (Regardant du côté du bosquet.) c'est que je ne le vois plus.

ERNESTINE.

Comment ?

PIERRE.

Il était ici avec mam'zelle Zoé ; et ce que vous ne croiriez jamais, il lui faisait la cour.

ERNESTINE.

Je le sais ; c'était pour rire.

PIERRE.

Ah ! vous appelez cela pour rire ! Primo, d'abord et d'une... ce matin, quand je suis arrivé, il l'embrassait.

ERNESTINE, troublée.

En es-tu sûr ?

PIERRE.

Pour commencer, et il m'en a parlé à moi, personnellement, comme de quelqu'un qu'il aimait, qu'il adorait.

ERNESTINE.

Depuis ce matin ?

PIERRE.

Ce n'est pas d'aujourd'hui qu'il en a l'idée ; faut du temps pour s'enhardir à ce point-là, et je gagerais qu'il l'aime depuis longtemps.

ERNESTINE.

Il serait vrai!

PIERRE.

Oui, mam'zelle, oui, il fera quelque folie pour elle.

ERNESTINE.

Que dis-tu? Au moment où je venais d'avouer à mon père que c'était lui que je préférais!

PIERRE.

Combien lui en faut-il donc?... Car si vous l'aviez vu tantôt, auprès d'elle, avec des yeux animés... et elle donc, tout à l'heure! « Il m'attend à deux heures. — Pourquoi faire? » que j'ai dit. — « Ça ne te regarde pas, » qu'elle a répondu; et elle s'en est allée en riant; et ils ont disparu dans les bosquets.

ERNESTINE.

O ciel!

PIERRE.

C'est comme je vous le dis, de vrais bosquets; ils sont là pour le dire; et tenez, tenez, mam'zelle....

(Lui montrant le bosquet.)

AIR du vaudeville de *l'Homme vert.*

Le v'là qui vient par cette allée.

ERNESTINE.

Le dépit fait battre mon cœur.

PIERRE.

Dieu! si ma vue n'est pas troublée,
Il me paraît sombre et rêveur.
Sa tristess' n'est pas naturelle,
On dirait qu'il n'ose approcher...
Ça m' fait trembler... il faut, mam'zelle,
Qu'il ait quelqu' chose à se r'procher.

SCÈNE XIII.

ALPHONSE, ERNESTINE, PIERRE.

ALPHONSE, à part.

Allons, son père le veut, son consentement est à ce prix, il faut bien m'y résoudre.

ERNESTINE, bas à Pierre.

Comme je vais le traiter !

PIERRE, de même.

C'est ça, parlez-lui ferme, et qu'il n'y revienne plus.

ERNESTINE, à Alphonse, avec émotion.

Ah ! vous voilà, monsieur ! Vous avez vu mon père, sans doute ?

ALPHONSE, froidement.

Non, mademoiselle.

ERNESTINE, à part.

Tant mieux, je mourrais de honte s'il savait ce que je lui ai dit. (Haut.) Vous avez l'air de chercher quelqu'un ; peut-être mademoiselle Zoé ?

ALPHONSE, d'un air préoccupé.

Non, je la quitte à l'instant.

PIERRE, bas à Ernestine.

Là ! je ne lui fais pas dire.

ERNESTINE, s'efforçant de sourire.

J'admire votre docilité, monsieur, et comme vous vous résignez à une plaisanterie qui a dû vous coûter beaucoup.

ALPHONSE.

Mais non, pas tant que vous croyez.

PIERRE, bas.

Il y prend goût.

ALPHONSE.

Je vous dois même des remerciements ; car cette épreuve bizarre a décidé du sort de toute ma vie.

ERNESTINE.

Comment, monsieur ?

ALPHONSE.

Oui, mademoiselle, que voulez-vous ? chacun a ses caprices ; j'ai vu que je ne parviendrais jamais à vous plaire.

ERNESTINE.

Monsieur !

ALPHONSE.

Oh ! je ne vous en veux pas ; on n'est pas maître de son amour ; c'est ce que je pensais en regardant cette petite, qui est charmante.

PIERRE, avec un soupir.

C'est vrai.

ALPHONSE.

Où pourrais-je trouver mieux ? Une jeune fille douce, naïve...

PIERRE, soupirant plus fort.

C'est vrai.

ALPHONSE.

Remplie de grâces, de bonnes qualités...

PIERRE, de même.

C'est que c'est vrai.

ALPHONSE.

Qui ne se fera pas un jeu de désoler son amant, qui l'aimera de bonne foi.

ERNESTINE, avec impatience.

C'est assez, monsieur.

PIERRE, en larmes.

Non, ce n'est pas assez ; il ne peut pas trop en dire ; c'est qu'il n'y en a pas une comme elle à dix lieues à la ronde.

ERNESTINE, à Alphonse.

Enfin, monsieur, vous l'aimez?

ALPHONSE.

Je ne me crois pas obligé de vous rendre compte de mes sentiments.

ERNESTINE.

Et moi, je les devine, et je ne souffrirai pas un semblable scandale dans la maison de mon père. Peu m'importe qui vous aimiez, qui vous adoriez, cela m'est parfaitement indifférent. Mais nous devons veiller sur le sort d'une jeune fille qui nous est confiée. J'entrevois vos projets.

ALPHONSE.

Mes projets! vous vous trompez; et, comme vous le disiez vous-même ce matin, je n'ai pas de préjugés; aussi mon intention est de l'épouser.

PIERRE, à Ernestine.

L'épouser!

ERNESTINE.

Qu'entends-je?

PIERRE.

Quand je vous disais qu'il ferait des folies!

ERNESTINE.

Comment, monsieur...

SCÈNE XIV.

LES MÊMES; ZOÉ, en habit de mariée.

ZOÉ, entrant.

Me v'là!

ERNESTINE.

Que vois-je?

PIERRE.

Quelle toilette !

ZOÉ, à Alphonse.

Vous m'avez dit de me mettre en mariée ; il ne me manque rien... que le mari.

PIERRE.

V'là l' coup de grâce !

ERNESTINE.

Plus de doute.

Ensemble.

AIR : De rage, de fureur. (*La Ratelière de Brienz.*)

ALPHONSE et ERNESTINE.

De trouble et de douleur
Je sens battre mon cœur ;
Évitons sa présence...
Car mes regards, d'avance,
Trahiraient ma douleur.
De dépit, de fureur,
Je sens battre mon cœur.

PIERRE.

De trouble et de frayeur
Je sens battre mon cœur.
Pour moi la belle avance,
S'il faut qu'en ma présence
Elle épous' monseigneur !...
De trouble et de frayeur
Je sens battre mon cœur.

ZOÉ.

Mais qu'ont-ils donc tous trois ?
Et qu'est-ce que je vois ?
Ils sont fâchés, je pense...
On dirait qu' ma présence
Les troubl' tous à la fois...
D'où vient l' trouble où j' les vois,
Et qu'ont-ils donc tous trois ?

(Alphonse et Ernestine sortent. Pierre va s'asseoir sur une chaise auprès du bosquet.)

SCÈNE XV.

ZOÉ, PIERRE.

ZOÉ, les regardant sortir.

A qui en ont-ils donc? dites-le-moi. Eh bien! il pleure. Qu'est-ce que vous avez donc, monsieur Pierre? et qu'est-ce qui vous fait du chagrin?

PIERRE.

Vous me le demandez! C'est vous qui en êtes cause, vous, (Otant son chapeau et pleurant.) madame la comtesse.

(Il se lève.)

ZOÉ.

Madame la comtesse!... A qui en a-t-il?

PIERRE.

Puisque monsieur Alphonse vous aime, puisqu'il vous prend pour femme.

ZOÉ, avec joie.

Moi, sa femme! il serait vrai! qu'est-ce que tu me dis là?

PIERRE.

Vous ne le saviez peut-être pas?

ZOÉ.

Du tout.

PIERRE, avec dépit.

Et c'est moi qui le lui apprends! Qu'est-ce qu'il vous avait donc dit tout à l'heure?

ZOÉ.

AIR : Amis, voici la riante semaine. (*Le Carnaval.*)

Il m'a bien dit qu' j'allais êtr' mariée,
Mais j'ignorais qu'il dût êtr' mon époux.
Au bal ce soir pourtant il m'a priée,

En me disant de choisir des bijoux,
Des beaux atours, des boucl's d'oreille, un' chaîne,
Et qu' pour l'hymen où j'allais m'engager
Il s' charg'rait du reste.

PIERRE, se désolant.

Je l' crois sans peine...
C'est justement c' dont j' voulais me charger.

A qui la faute? à toi, Pierre Rousselet, à toi imbécile qui n'oses pas parler; car, c'est vrai, je n'en connais pas de plus bête que moi!

ZOÉ.

Eh bien! eh bien! console-toi, si je suis grande dame, je n'oublierai pas mes amis, et te voilà sûr d'avoir la ferme d'Auberive que tu désirais tant.

PIERRE.

Je m'en moque bien! Je donnerais toutes les fermes du monde pour rompre ce maudit mariage.

ZOÉ.

Pourquoi donc?

PIERRE.

Parce que je ne veux pas que tu sois grande dame.

ZOÉ.

Vous êtes gentil!

PIERRE.

Parce que... ma foi, en arrivera ce qui pourra... parce que je t'aime trop pour cela.

ZOÉ, avec joie.

Vous m'aimez?

PIERRE, hors de lui.

Comme un fou, comme un imbécile. Je ne m'en étais pas aperçu; mais depuis qu'il a expliqué pourquoi il te préférait, je vois que tu es celle qui me convient le plus, c'est-à-dire que tu es peut-être la seule qui me convienne.

15.

ZOÉ.

Il fallait donc le dire!

PIERRE.

Est-ce que je m'en doutais? Mais dès que les autres s'y sont mis, ça m'a pris comme un coup de foudre.

ZOÉ.

V'là le grand mot lâché! et tu parles quand il n'est plus temps!

PIERRE.

Il n'est plus temps?

ZOÉ.

Écoute donc, Rousselet, tu es un brave garçon; mais tu ne peux pas exiger que je refuse mon bonheur, puisqu'il m'aime, cet homme-là, puisqu'il me veut!

PIERRE.

Et moi aussi, je te voulais, et prenez-y garde, Zoé, je ferai un malheur, je vous en avertis.

ZOÉ.

Comment, monsieur?

PIERRE.

Je ne m'y mets pas souvent; mais si je m'abandonne à mon naturel fougueux, je suis capable de me détruire.

ZOÉ.

AIR du vaudeville de *Farinelli*.

O ciel! former un tel projet!

PIERRE.

Oui, mam'zelle, et si la rivière
N'était pas si loin... on verrait!

ZOÉ, l'arrêtant.

Ah! grand Dieu! que voulez-vous faire?
Ce serait me désespérer.

PIERRE.

Ce mot m' décide, et quoiqu' j'enrage,
De me périr j'aurai l' courage...
Exprès pour vous faire pleurer
Le jour de votre mariage.

ZOÉ, le retenant.

Monsieur, monsieur, je vous prie de m'écouter.

SCÈNE XVI.

ERNESTINE, ZOÉ, PIERRE ; puis ALPHONSE, DUMONT et LE CHŒUR.

ERNESTINE.

Je ne puis rester en place... jusqu'à mon père qui me répète que c'est ma faute. (Apercevant Zoé.) Ah! vous voilà, mademoiselle? vous devez être bien glorieuse du trouble que vous causez.

ZOÉ, d'un air confus.

Mon Dieu, mam'zelle, je vois que vous êtes fâchée; je vous assure pourtant qu'il n'y a pas de ma faute.

ERNESTINE.

Votre conduite est indigne; non pas que je regrette M. d'Auberive. Sa légèreté et le choix qu'il a fait prouvent qu'il ne le mérite nullement; mais cela ne justifie pas votre impertinence.

ZOÉ.

Je sais bien que j'ai tort; car, enfin, vous me l'aviez prêté...

PIERRE.

Quelle imprudence! Est-ce qu'on prête jamais ces choses-là? ça s'égare si facilement!

ZOÉ.

Et je devais vous le rendre, parce que, avant tout, faut

de la conscience. Mais comment faire maintenant qu'il ne veut plus?

ERNESTINE, piquée.

Il ne veut plus? C'est inouï, c'est inconcevable; cette petite dont nous nous moquions ce matin... (Changeant de ton.) Écoute, Zoé, je n'ai aucune prétention sur M. Alphonse; au contraire, je l'abhorre, je le déteste.

PIERRE.

Moi aussi.

ERNESTINE.

Mais je ne puis supporter l'idée qu'il nous brave à ce point.

PIERRE.

Ce serait honteux!

ERNESTINE.

Je tiens à le désespérer à mon tour, et je me charge de ta fortune, de ton sort; je te marierai à qui tu voudras, si tu consens à déclarer devant mon père, devant tout le monde, que tu ne veux pas l'épouser, que tu ne l'aimes pas.

PIERRE.

C'est ça.

ERNESTINE.

Que tu en aimes un autre.

PIERRE.

Oui.

ERNESTINE.

N'importe qui.

PIERRE.

Moi, par exemple, je suis tout porté.

ZOÉ.

Ah! mademoiselle, que me demandez-vous là?

PIERRE.

Elle y tient.

(Alphonse paraît dans le fond à droite.)

ZOÉ.

Certainement, s'il faut vous dire la vérité, je crois bien que je ne l'aime pas... peut-être même que j'en aime un autre...

ERNESTINE.

Eh bien?

ZOÉ.

Mais le désoler! lui qui est si honnête homme!... Et puis, qu'est-ce que ça peut vous faire, puisque vous le détestez, qu'il épouse celle-ci, qu'il préfère celle-là? Ah! si vous l'aimiez, ça serait bien différent.

ERNESTINE, vivement.

Cela te déciderait?

ZOÉ.

Mais...

ERNESTINE, à demi-voix.

Eh bien! oui... oui, je crois que je l'aime encore.

ALPHONSE, qui a fait signe à ses amis et à Dumont d'approcher et se jetant aux pieds d'Ernestine.

Ah! que je suis heureux!

ERNESTINE.

Quoi! monsieur, vous étiez là?

LE CHŒUR.

AIR : Amis, le soleil va paraître. (*La Muette de Portici*.)

Au choix heureux que son cœur vient de faire
Chacun de nous s'empresse d'accourir;
Plus de rivaux... celui qu'elle préfère
Est le plus digne et devait l'obtenir.

ERNESTINE, à Alphonse, qui lui a parlé bas pendant le chœur.

Comment, monsieur, mon père était du complot ? Oh ! comme je vais le gronder, et l'embrasser surtout !

DUMONT, à Ernestine, montrant Alphonse.

Décidément, mademoiselle, c'est bien monsieur ?

ERNESTINE, souriant.

Ah ! oui... je n'aurai plus de caprices. (Regardant Zoé.) Eh bien ! ma pauvre Zoé, te voilà tout interdite ?

ZOÉ.

Oh ! non, mam'zelle, j'ai de la marge. (A Alphonse.) Mais vous, monsieur, vous me trompiez donc ?

ALPHONSE.

Du tout ; j'ai joué mon rôle jusqu'au bout. (Tirant sa montre.) Tiens, regarde.

ZOÉ.

C'est juste, les trois heures sont sonnées. Je vous le rends, mam'zelle, et avec plaisir, car ce pauvre Pierre me faisait trop de chagrin.

PIERRE, s'essuyant le front.

J'en ai encore la sueur froide.

ZOÉ.

Et si toutefois il me trouve assez riche...

PIERRE.

Certainement.

ALPHONSE.

D'ailleurs, je me charge de ta dot.

ERNESTINE.

Et moi de la corbeille.

ALPHONSE.

Et quant à la ferme, tu sais que c'est toujours toi qui en disposes.

ZOÉ, tendant la main à Pierre.

Je te disais bien que je te la donnerais.

LE CHOEUR.

AIR : Oui, je suis grisette. (PLANTADE.)

Vraiment la petite
S'y connaît, je crois ;
Et le seul mérite
A dicté son choix.

ZOÉ, au public.

AIR de *Paris et le Village.*

Si vous voulez y consentir,
J'allons nous marier au plus vite :
A ma noc' daign'rez-vous venir ?
C'est la mariée qui vous invite.
　Gardez-vous d'y manquer, au moins ;
Et, quand j' compte entrer en ménage,
　N'allez pas, faute de témoins,
Faire manquer mon mariage !

TOUS.

N'allez pas, faute de témoins,
Faire manquer son mariage !

PHILIPPE

COMÉDIE-VAUDEVILLE EN UN ACTE

EN SOCIÉTÉ AVEC MM. MELESVILLE ET BAYARD.

Théatre de S. A. R. Madame. — 19 Avril 1830.

PERSONNAGES.   ACTEURS.

M. DE BEAUVOISIS . . . . MM. ALLAN,
PHILIPPE, intendant de mademoiselle d'Harville . . GONTIER.
FRÉDÉRIC. . . . . PAUL.
JOSEPH, domestique de mademoiselle d'Harville . . . BORDIER.

Mlle D'HARVILLE. . . . . Mmes GRÉVEDON.
MATHILDE, sa nièce . . . . BÉRANGER.

PLUSIEURS VALETS.

Dans l'hôtel de mademoiselle d'Harville.

PHILIPPE

Un bel appartement. Porte au fond, et deux portes latérales. La porte à droite de l'acteur est celle de l'appartement de Mathilde; celle qui est à gauche est la porte de la chambre de Frédéric. A droite, sur le devant, une grande table couverte d'un riche tapis, et sur laquelle se trouvent une cassette, un encrier, etc. A gauche un guéridon.

SCÈNE PREMIÈRE.

Mlle D'HARVILLE, MATHILDE. Elles sont assises; mademoiselle d'Harville travaille à de la tapisserie. Mathilde lui fait la lecture.

Mlle D'HARVILLE.
Eh bien! Mathilde, vous ne lisez plus?

MATHILDE.
C'est que je réfléchis, ma tante.

Mlle D'HARVILLE.
Et à quoi, s'il vous plaît?

MATHILDE.
Mais à ce roman. C'est singulier! Ce Tom-Jones que M. Alworthy et sa sœur élèvent avec tant de bonté, c'est absolument comme M. Frédéric, que vous avez recueilli

dès son enfance, dont vous avez pris soin, et qui n'a jamais connu ses parents.

Mlle D'HARVILLE.

Ah! c'est possible, il y a quelque rapport.

MATHILDE.

Voulez-vous que je continue, ma tante?

Mlle D'HARVILLE, prenant le livre.

Non, mon enfant; cela vous fatigue; et puis voici bientôt l'heure du déjeuner.

MATHILDE.

C'est dommage, j'aurais été curieuse de savoir ce que devient Tom-Jones; il est si bon, si aimable... comme M. Frédéric.

Mlle D'HARVILLE.

Vous êtes bien jeune, Mathilde; écoutez-moi, et parlons raison, si c'est possible. Vous prenez beaucoup d'intérêt à Frédéric, et il le mérite, sans doute, à quelques égards; mais une jeune personne comme vous doit s'observer davantage.

MATHILDE.

Ma tante...

Mlle D'HARVILLE.

Je voulais vous parler de cela il y a quelques jours. Nous étions allées, la veille, à l'Opéra; j'avais reçu Frédéric dans ma loge; je lui avais fait cet honneur; nous avions avec nous M. le vicomte de Beauvoisis, mon neveu. Le vicomte, malgré quelques petits travers qui tiennent à la jeunesse, réunit les plus brillantes qualités; je vous dis cela, entre nous, Mathilde, pour que vous le reteniez. J'ai des projets dont nous parlerons plus tard. Pour en revenir à l'Opéra, vous ne fîtes que rire et causer avec Frédéric. On ne rit point à l'Opéra, ma nièce. Et en sortant, c'est encore le bras de Frédéric qui fut accepté par vous, sans égard pour le vicomte, qui vous offrait le sien.

(Elles se lèvent.)

AIR du vaudeville de *la Somnambule.*

Ce n'est pas bien, ce n'est pas convenable ;
A votre rang, Mathilde, il faut songer.

MATHILDE.

J'ai cru pouvoir, suis-je donc si blâmable ?
Le consoler, sans déroger.
Il est si bon !

Mlle D'HARVILLE.

Soit ; mais je le répète,
En fait d'amour, d'amitié, de bonheur,
Il faut encor consulter l'étiquette.

MATHILDE.

Moi, je n'aurais consulté que mon cœur.

Frédéric est si reconnaissant de vos bontés ; il vous aime tant !

Mlle D'HARVILLE.

Je le crois, Mathilde, j'ai besoin de le croire ; et cependant, sans parler ici de mon rang, je ne trouve pas en lui ces égards, ces attentions, que j'ai le droit d'attendre, peut-être, d'un jeune homme qui me doit tout. Logé dans mon hôtel, mon salon lui est ouvert ; il peut venir s'y former au ton et aux manières de la bonne compagnie. Eh bien ! non ; à peine s'il paraît le soir chez moi.

MATHILDE.

Écoutez donc, ma tante, il faut être juste, votre salon, c'est bien beau, mais ce n'est guère amusant.

Mlle D'HARVILLE.

Comment, mademoiselle ?

MATHILDE.

Pour un jeune homme, je veux dire ; n'entendre parler

que de l'ancienneté de notre race, des hauts faits des d'Harville... moi-même, qui suis de la famille, je vous assure que quelquefois...

Mlle D'HARVILLE.

Ma nièce...

MATHILDE.

A plus forte raison ce pauvre Frédéric, qui est jeune, impatient, étourdi, car sa tête est légère, j'en conviens; mais son cœur est si bon! Élevés ensemble, ici, sous vos yeux, je connais ses sentiments pour vous, je sais à quel point il vous chérit.

Mlle D'HARVILLE.

En êtes-vous sûre, Mathilde?

MATHILDE.

Eh! tenez... ce jour où vos chevaux s'emportèrent, mon cousin de Beauvoisis appelait du secours; mais Frédéric se jeta au-devant des chevaux, au risque d'être renversé, il les retint, il vous sauva peut-être! et pour ne pas vous alarmer par la vue de ses habits déchirés, de ses mains meurtries, il s'échappa, en me recommandant le silence.

Mlle D'HARVILLE.

Et vous avez eu tort, mademoiselle. Comment! je n'en ai rien su! Frédéric!...

MATHILDE.

Entre nous, je crois que votre rang l'intimide un peu. « Ah! » me dit-il souvent... parce qu'il cause avec moi...

Mlle D'HARVILLE.

Ah!

MATHILDE.

Oui, il paraît qu'il ne me trouve pas l'air si imposant qu'à vous. « Ah! disait-il, que n'ai-je l'occasion de prouver ma reconnaissance à ma bienfaitrice! je donnerais mon sang, je donnerais ma vie pour elle! Si du moins elle était mariée, je me serais dévoué au service de son époux, je l'aurais suivi à l'armée, je me serais fait tuer pour lui. »

Mlle D'HARVILLE.

Il disait cela?

MATHILDE.

Oui, ma tante; et cela m'a fait faire une réflexion qui ne m'était pas encore venue. Pourquoi donc ne vous êtes-vous jamais mariée?

Mlle D'HARVILLE, un peu surprise.

Ah! pourquoi? voilà bien la question d'un enfant.

MATHILDE.

Il me semble cependant que, lorsqu'on a un beau nom...

Mlle D'HARVILLE.

Lorsqu'on a un beau nom, ma nièce, ce qu'on peut faire de mieux, c'est de le garder. Je reconnais bien là les idées de ma sœur, de votre mère, qui, au lieu de suivre mon exemple, a choisi dans une classe inférieure un mari qui était riche, pas autre chose.

MATHILDE.

C'est vrai, on dit que mon père était millionnaire et roturier; mais il aimait tant ma mère, il l'a rendue si heureuse!

Mlle D'HARVILLE.

Ce n'est pas une excuse, mademoiselle; le bonheur ne justifie pas une faute.

MATHILDE, d'un ton caressant.

Sans cette faute, cependant, vous n'auriez pas auprès de vous une nièce qui vous chérit.

Mlle D'HARVILLE, l'embrassant.

C'est vrai, mon enfant. Ah! l'on vient; sans doute M. Frédéric, que j'ai fait demander, et qui tarde bien. Non, c'est Philippe.

SCÈNE II.

Les mêmes ; PHILIPPE, tenant à la main des papiers et des journaux.

Mlle D'HARVILLE.

Qu'est-ce que c'est ?

PHILIPPE, à mademoiselle d'Harville.

Les lettres et les journaux de mademoiselle, et puis les comptes du mois ; car c'est aujourd'hui le premier.

(Il lui présente les papiers.)

Mlle D'HARVILLE.

C'est bien, je n'ai pas besoin de lire.

MATHILDE.

On peut s'en rapporter à Philippe, ce n'est pas un intendant comme un autre.

Mlle D'HARVILLE.

Oui, c'est un honnête homme, et de plus, un habile et dévoué serviteur. Grâce à lui, on me croit deux fois plus riche que je ne le suis ; je fais des dépenses énormes, je n'ai jamais de dettes, et toujours de l'argent comptant.

PHILIPPE.

Je n'y ai pas grand mérite : pourvu qu'on se souvienne seulement que deux et deux ne font jamais que quatre, ce n'est pas malin d'être intendant ; je sais bien qu'anciennement ce n'était pas comme cela.

Air du vaudeville du Piège.

Tous ces fripons d'intendants d'autrefois
Vous ruinaient d'une ardeur peu commune.

Mlle D'HARVILLE.

On n'en a plus, et cependant je vois
Qu'on dissipe bien sa fortune.

PHILIPPE.

D'accord ; je sais qu'on la mange souvent
Avec une vitesse extrême ;
Mais du moins on a maintenant
L'esprit de la manger soi-même !
(Il présente un registre à mademoiselle d'Harville.)

Mlle D'HARVILLE.

C'est inutile, Philippe.

PHILIPPE.

Mademoiselle veut toujours signer sans lire, ce sont les usages d'autrefois. Lisez, lisez, il le faut ; qu'est-ce que c'est donc que ça ?

(Mademoiselle d'Harville passe auprès de la table, et s'assied pour examiner les papiers que Philippe lui a présentés.)

MATHILDE.

C'est drôle, il n'y a que lui qui gronde ma tante, et elle ne se fâche pas. Ces vieux serviteurs ont des privilèges !

PHILIPPE, passant auprès de Mathilde.

J'ai tort, sans doute ; mais voyez-vous, mademoiselle, un ancien militaire ne peut pas parler comme un gentilhomme de la chambre.

Mlle D'HARVILLE.

Qu'est-ce que je vois là ? (Lisant.) « Secours donnés par Mademoiselle, six mille francs. » (A Philippe.) C'est plus du double des mois ordinaires.

PHILIPPE.

Mademoiselle est si bonne, et l'hiver est si rigoureux !

AIR : Dans ce castel dame de haut lignage.

A vos désirs j'obéissais d'avance.
Dans vos salons, de tous ces grands seigneurs
Quand votre nom attire l'affluence,
Pour ses bienfaits on le bénit ailleurs.
Si votre hôtel est connu d' la noblesse,
   Par l'indigence il l'est aussi ;

Et si quelqu'un ignorait votre adresse,
Le premier pauvr' lui dirait : « C'est ici. »

Mlle D'HARVILLE se lève et continue de lire.

Des ouvriers... d'anciens militaires...

PHILIPPE.

Des camarades à moi, qui servaient dans l'armée de Rhin et Moselle. Il faut faire quelque chose pour ceux qui y étaient, mademoiselle ; car c'est sous leurs tentes que bien des gens, qui valaient mieux que moi, ont trouvé asile et protection.

Mlle D'HARVILLE, passant entre Philippe et Mathilde.

C'est vrai, c'est Philippe qui, dans ce temps-là, nous a aidées à passer la frontière.

MATHILDE.

Je comprends alors votre reconnaissance, votre affection pour lui.

Mlle D'HARVILLE.

Achevons. (Lisant.) « Pour la pension de Frédéric, cinq cents francs. » (A Philippe.) C'est beaucoup pour un mois.

PHILIPPE.

C'est bien peu, mademoiselle ; puisque vous l'avez élevé et protégé, il faut achever votre ouvrage, il faut qu'il s'instruise, qu'il ait des maîtres ; il a besoin d'avoir du mérite, lui qui n'a pas de fortune.

Mlle D'HARVILLE.

C'est ce qu'il faudrait souvent lui répéter. Je vous ai placé près de lui, Philippe, comme un guide, comme un ami ; et j'ai à me plaindre de lui, de vous peut-être : vous le gâtez, vous n'avez pas pour lui toute la sévérité nécessaire ; souvent il rentre bien tard.

PHILIPPE, embarrassé.

Mademoiselle...

Mlle D'HARVILLE.

Je ne l'ai pas vu hier soir.

PHILIPPE, à part.

Ah ! mon Dieu !

Mlle D'HARVILLE.

Ce matin je lui ai fait dire de descendre, et il n'a pas encore paru.

PHILIPPE.

Il était sorti de très-bonne heure, pour son droit, pour une conférence... je ne sais pas au juste... il travaille tant que souvent il passe la nuit.

MATHILDE.

Voyez-vous, ma tante, il finira par se rendre malade.

Mlle D'HARVILLE, vivement.

Voilà ce que je n'entends pas ; je ne veux pas qu'il travaille tant, je le lui défendrai.

PHILIPPE, à part.

Ce n'est pas la peine.

Mlle D'HARVILLE, allant à la table, et prenant dans la cassette une bourse qu'elle remet à Philippe.

Tenez, Philippe, voilà son trimestre ; vous le lui donnerez de ma part, en lui recommandant l'ordre, l'économie et la bonne conduite

PHILIPPE.

Oui, mademoiselle ; mais vous, en revanche, ayez un peu d'indulgence.

AIR : Amis, voici la riante semaine. (Le Carnaval.)

Il est léger, mais plein d'honneur et d'âme :
Je m'y connais, et je vous en réponds.
Pour des misèr's quand je vois qu'on le blâme,
Moi, je l'excuse, et j'ai bien mes raisons.
Oui, maintenant, quoi qu'il dise ou qu'il fasse,
Pour un jeune homm' j' suis toujours indulgent,
Car je soupire, et j' me dis : A sa place,
Le diabl' m'emport' si j' n'en f'rais pas autant,
Pardon, mamzell' ; mais j'en f'rais tout autant.

BEAUVOISIS, en dehors.

On n'a pas encore déjeuné, c'est bien.

Mlle D'HARVILLE.

Ah! c'est mon neveu que j'entends.

SCÈNE III.

Les mêmes; BEAUVOISIS, en négligé très-élégant.

UN DOMESTIQUE, annonçant.

Monsieur le vicomte d'Harville de Beauvoisis.
(Philippe est auprès de la table, occupé à ranger les papiers.)

BEAUVOISIS, baisant la main à mademoiselle d'Harville.

Bonjour, chère tante; bonjour, ma jolie cousine. Je suis bien matinal, n'est-ce pas? Je n'en reviens point de me trouver debout à peu près comme tout le monde.

Mlle D'HARVILLE.

Comment avez-vous donc fait?

BEAUVOISIS.

Je m'y suis pris d'avance, je ne me suis pas couché.

PHILIPPE, à part.

On ne lui demandera pas de l'ordre à celui-là.

MATHILDE.

Voilà une belle conduite, monsieur de Beauvoisis!

BEAUVOISIS.

Vous avez raison; mais il y a tant de bals cet hiver... les nuits sont trop courtes, et la vie aussi.

Mlle D'HARVILLE, à Beauvoisis.

Vous déjeunez avec nous, n'est-ce pas? (A Mathilde.) Mathilde, voyez, donnez des ordres, qu'on se dépêche de nous servir.

(Elle s'assied auprès de la table.)

MATHILDE.

Oui, ma tante, j'y vais. (Saluant Beauvoisis.) Mon cousin... (Bas à Philippe.) Adieu, Philippe.

(Elle sort.)

SCÈNE IV.

PHILIPPE, Mlle D'HARVILLE, BEAUVOISIS.

(Mademoiselle d'Harville est assise auprès de la table, Philippe est à sa droite. Elle signe de loin en loin des papiers que Philippe dispose sur la table.)

BEAUVOISIS.

Je suis venu vous demander à déjeuner en famille; d'abord, mon aimable tante, pour vous présenter mes hommages, et puis pour vous remercier. Vous avez vu Aaron ?

Mlle D'HARVILLE.

Je le vois beaucoup trop souvent.

BEAUVOISIS.

Ce n'est pas ma faute, les chevaux anglais sont hors de prix. Moi, les chevaux et l'Opéra, voilà ce qui me ruine.

PHILIPPE.

Monsieur change si souvent!

BEAUVOISIS.

C'est vrai, c'est ce que je me dis tous les jours; je dépense un argent fou, à moi et à ma tante; mais que voulez-vous ?

AIR du *Fleuve de la vie.*

L'argent n'est rien, il faut qu'on brille,
Que dans Paris on soit cité;
Pour faire honneur à ma famille,
Je dépense avec dignité.
Sous des titres comme les nôtres,
Il est noble, il est de bon goût
De ne jamais compter...

16.

PHILIPPE, à part.
Surtout
Quand c'est l'argent des autres.

BEAUVOISIS.

C'est le seul moyen de se faire remarquer. Si nous avions une bonne guerre, ce serait bien plus économique. Je ferais parler de moi, ou je me ferais tuer; et cela ne vous coûterait pas si cher.

Mlle D'HARVILLE.

Exposer vos jours! vous, le dernier des d'Harville! Non, mon neveu, et puisque nous en sommes sur ce chapitre, je vous dirai que vous vous devez à vous-même et à votre famille plus de tenue, plus de modération. Qu'est-ce que cette aventure dont on parlait hier dans les salons?

BEAUVOISIS.

Quoi! vous sauriez? Cela vous a inquiétée?

Mlle D'HARVILLE.

Beaucoup.

BEAUVOISIS.

Vous connaissez cependant mon adresse, et puis, cette fois, je n'avais pas tort. J'avais remarqué à l'Opéra... car je suis un fidèle... Nous sommes toujours là, moi, ou ma lorgnette, en gants blancs, balcon des premières, à droite, c'est mon côté, vous savez. J'avais remarqué une jeune élève de Terpsichore, oh! une taille! un regard céleste, un coude-pied ravissant!

Mlle D'HARVILLE.

Mon neveu!...

BEAUVOISIS.

N'ayez donc pas peur; j'ai du tact, je sais gazer. Autrefois, nous dansions sans déroger; par conséquent les danseuses, ça nous revient; ce n'est pas noble, mais c'est gentil; par malheur, c'est léger, et on voulut me persuader que j'avais un rival.

PHILIPPE.

Pas possible !

BEAUVOISIS.

Je fus comme Philippe, je ne voulus pas le croire ; mais de ce temps-ci, il y a tant d'invraisemblances... Je cours chez ma divinité, qui était, dit-on, dans son boudoir. Je veux tourner le bouton, votre serviteur ; la porte était fermée en dedans, et j'entends une voix de basse-taille qui me crie : « Qui est là ? »

Mlle D'HARVILLE.

Ah ! mon Dieu !

BEAUVOISIS.

Il n'y avait plus moyen d'en douter ; un autre aurait fait du bruit, de l'éclat ; moi, pas du tout, et, ne pouvant remettre ma carte à ce monsieur, je me suis contenté d'écrire au crayon sur la porte : « L'amant de ma maîtresse est un fat ; « je l'attends au Bois... *Signé* : D'HARVILLE DE BEAU-« VOISIS. »

Mlle D'HARVILLE.

Et il est venu ?

BEAUVOISIS.

Mieux que ça, il en est venu trois. Il paraît qu'ils avaient tous pris connaissance de mon épître, qui, par le fait, est devenue une circulaire.

Mlle D'HARVILLE, se levant.

Et vous vous êtes battu ?

BEAUVOISIS.

Sur-le-champ, avec mes trois partners. J'ai blessé l'un, désarmé l'autre, et j'ai déjeuné avec le troisième, un aimable jeune homme, le fils d'un pair de France, qui n'a pas voulu me quitter ; car les duels, c'est charmant : on se fait des amis à la vie et à la mort. Celui-ci m'a conduit le soir dans une société délicieuse, un raout, un cercle, comme on voudra, où, par parenthèse, j'ai trouvé votre ami Frédéric.

PHILIPPE.

Frédéric?

Mlle D'HARVILLE.

Qu'est-ce que vous dites là?

PHILIPPE.

Monsieur le vicomte se trompe, ça ne se peut pas.

BEAUVOISIS.

Je me trompe si peu que je lui ai parlé, parce que j'ai été fort étonné de le trouver là, et quand je suis sorti, à six heures du matin, il y était encore.

PHILIPPE, à part.

Que le ciel le confonde!

Mlle D'HARVILLE, regardant Philippe.

Ah! il était sorti, ce matin, pour travailler, pour... (Mouvement de Philippe.) C'est bien. (A Beauvoisis.) Et cette maison est-elle convenable?

BEAUVOISIS.

Hum! hum! tout au plus.

PHILIPPE.

Monsieur le vicomte y était.

BEAUVOISIS.

Oh! moi, mon cher, c'est différent, nous allons partout; mais un pauvre diable qui n'a pas un sou à lui, ça peut devenir très-inquiétant! voilà tout ce que je dirai, je ne veux pas lui faire du tort.

PHILIPPE.

Eh! mon Dieu! parlez, et n'en laissez point croire plus qu'il n'y en a. Quand il serait allé dans cette maison pour son plaisir, pour une danseuse, (Mouvement de Beauvoisis.) que sais-je?... eh! pourquoi pas? ma foi, à son âge...

Mlle D'HARVILLE.

Philippe, monsieur le vicomte ne vous a point adressé la parole.

BEAUVOISIS.

C'est vrai; mais monsieur Philippe la prend assez volontiers. Il a de l'éloquence, ce qui est du luxe dans un intendant ; cela doit vous coûter bien plus cher.

PHILIPPE.

Morbleu!...

Mlle D'HARVILLE.

Philippe, taisez-vous, vous vous oubliez. (A Beauvoisis.) Venez, mon neveu ; et surtout, devant Mathilde, pas de récit, pas d'aventure ; au moment de lui faire part de nos projets, vos folies...

BEAUVOISIS.

Bah! qu'est-ce que cela lui fait, tant que je suis garçon? une fois marié...

Mlle D'HARVILLE.

Vous serez plus sage, j'espère.

BEAUVOISIS.

Certainement, je ne les dirai plus.

Mlle D'HARVILLE, bas à Philippe.

Je suis mécontente. (A Beauvoisis.) Mon neveu, votre bras. (En s'en allant, à Philippe.) Très-mécontente.

(Elle sort avec Beauvoisis par le fond.)

SCÈNE V.

PHILIPPE, seul.

Très-mécontente, voilà le grand mot; après ça, il n'y a plus rien à dire; ce bavard, avec ses histoires, et ses airs de mépris... mépriser Frédéric! il a des torts, c'est possible; mais ça regarde mademoiselle, ça me regarde. (Pesant la bourse qu'il tient.) Pauvre garçon! son trimestre, ce n'est pas lourd; et cette fois-ci, pas de supplément à espérer; c'est le cas de venir à son secours sans qu'il s'en doute. (Il regarde autour de lui, et fouille dans sa poche.) J'ai justement là quelques petites épargnes que j'allais placer; je ne suis pas un richard, mais enfin, avec un peu d'ordre, on a toujours quelques cartouches au service de ses amis. (Il prend un rouleau de napoléons.) Il trouvera sa paie un peu allongée; mais il croira que c'est mademoiselle. (Il met quelques pièces d'or dans la bourse.) Où diable peut-il avoir passé la nuit? ne pas rentrer, nous donner de l'inquiétude, c'est très-mal; je suis d'une colère... (Versant tout le rouleau dans la bourse.) Bah! il faut tout mettre, c'est plus tôt fait.

(Il va vers la gauche.)

SCÈNE VI.

FRÉDÉRIC, JOSEPH, PHILIPPE.

FRÉDÉRIC, à Joseph dans le fond.

Oui, va, que personne ne te voie! ce billet sur son panier à ouvrage, ou dans son carton; tiens, voilà ma dernière pièce d'or.

(Joseph entre dans l'appartement de Mathilde.)

PHILIPPE.

C'est lui.

FRÉDÉRIC, posant son chapeau et sa cravache sur la table à droite.

Elle saura tout, mais quand je serai loin.

(Il traverse le théâtre, et va se jeter dans un fauteuil près du guéridon.)

PHILIPPE, qui est au fond à droite, l'observant et se rapprochant.

Comme le voilà défait, abattu! on dirait qu'il vient de faire cent lieues de marche forcée; pauvre enfant!

FRÉDÉRIC.

Elle me plaindra peut-être. (Apercevant Philippe.) Ah ! Philippe !...

PHILIPPE, changeant de ton.

Vous voilà donc enfin ! morbleu ! n'avez-vous pas de honte ?...

FRÉDÉRIC.

Ah ! je t'en prie, fais-moi grâce de tes remontrances. Je ne suis pas en humeur de les entendre.

PHILIPPE.

Et vous les entendrez pourtant. Qu'est-ce que ça signifie, une vie comme celle-là ? Nous donner de l'inquiétude à tous ! à moi surtout, et à mademoiselle.

FRÉDÉRIC, se levant vivement.

Mademoiselle ! dis-tu ? Eh ! quoi, Philippe, elle saurait ?...

PHILIPPE.

Elle sait tout ; j'ai eu beau mentir pour vous excuser, ce qui ne me serait pas arrivé pour moi-même, elle n'a rien voulu entendre ; elle est furieuse contre vous.

FRÉDÉRIC.

Allons, il ne manquait plus que cela ! j'aurais tout bravé, je prenais mon parti ; mais sa colère... Ah ! jamais... moi, qui donnerais ma vie pour lui épargner un regret, un chagrin...

PHILIPPE.

A la bonne heure ! mais est-ce que vous ne craignez pas aussi de me faire de la peine, à moi, votre soutien, qui, absent ou présent, suis toujours là pour vous surveiller, pour vous défendre ? Vous n'avez donc pas d'amitié pour moi ?

FRÉDÉRIC.

Si fait, Philippe ; pardonne-moi, je suis un fou, un ingrat ; mais non, tiens, je suis malheureux, voilà tout.

PHILIPPE.

Vous êtes malheureux! (S'arrêtant, plus froidement.) Je comprends, vous avez fait quelques sottises?

FRÉDÉRIC.

Une seule d'abord, qui m'en a fait commettre vingt autres.

PHILIPPE.

C'est beaucoup pour commencer, mais allons par ordre.

FRÉDÉRIC.

Je suis amoureux.

PHILIPPE.

Amoureux! Eh bien! il n'y a pas de mal; il faut l'être quelquefois, pourvu que chaque fois ça ne dure pas longtemps.

FRÉDÉRIC.

Mais c'est d'une personne si fort au-dessus de moi!...

PHILIPPE.

Bah! quand on est jeune, et assez bien, il n'y a plus de distance; et cette personne?...

FRÉDÉRIC.

Ah! si tu savais... mais non, je voudrais me le cacher à moi-même. Ah! Philippe, qu'il est cruel de sentir au fond du cœur qu'on pourrait se distinguer, qu'on serait capable d'arriver...

AIR du vaudeville du Baiser au porteur.

Et voir sans cesse un obstacle invincible,
Un mur d'airain, qu'on ne peut surmonter,
Être *sans nom!... sans nom*, ce mot terrible,
Je crois toujours l'entendre répéter.

PHILIPPE.

Cela doit-il vous arrêter?
L'honneur est tout, il suffit qu'on le suive,
C'est là le but; et le monde aujourd'hui
Demande comment on arrive,

Et non pas d'où l'on est parti.
On demande comment on arrive,
Et non pas d'où l'on est parti !

FRÉDÉRIC.

Tu as beau dire, c'est une humiliation qui me pèse. Tous ces jeunes gens qui viennent ici semblent ne me voir qu'avec dédain. Aussi, je n'y puis plus rester ; cette maison m'est devenue insupportable, le découragement m'a pris, je ne sais quelles extravagances m'ont passé par la tête... une rage de fortune... il me semblait que ce serait une compensation, une espèce de mérite, j'en vois tant qui n'ont que celui-là... et j'ai joué de désespoir.

PHILIPPE.

Vous avez joué !

FRÉDÉRIC.

Comme un fou, comme un furieux.

PHILIPPE, lui serrant la main.

Vous !... Ah! Frédéric, c'est mal, c'est très-mal ; je n'ai pas besoin de vous demander si vous avez perdu.

FRÉDÉRIC.

Plus que je ne puis payer.

PHILIPPE.

Je devrais vous gronder ; mais ça viendra plus tard, et vous n'y perdrez rien. Allons au plus pressé. (Il tire de sa poche la bourse que lui a remise mademoiselle d'Harville, et la présente à Frédéric.) Voilà le trimestre : il arrive à propos.

FRÉDÉRIC, sans le regarder, et à lui-même.

Le trimestre, ah! ça ne suffit pas.

PHILIPPE.

Voyez, je crois qu'il y a plus qu'à l'ordinaire... (Il lui met la bourse dans la main.) C'est mademoiselle qui me l'a remis pour vous, avec une mercuriale que vous avez trop méritée. (A part.) J'ai bien fait de penser au supplément.

FRÉDÉRIC.
Allons, c'est toujours un à-compte.
PHILIPPE.
Comment! un à-compte!
FRÉDÉRIC.
Ah! oui... apprends donc que j'ai joué ou parié toute la nuit, contre M. de Beauvoisis, que je ne peux pas souffrir ; j'aurais été bien aise de l'emporter sur lui... mais pas du tout, il a eu un bonheur aussi insolent que sa figure. J'ai perdu onze mille francs.
PHILIPPE.
Onze mille francs! miséricorde!
FRÉDÉRIC.
Oui, onze mille francs, que j'ai empruntés à mes voisins, à mes amis, au maître de la maison. Il faut que je les rende aujourd'hui même, et tu vois bien que je n'ai plus qu'à me brûler la cervelle.
PHILIPPE.
Hein!

AIR du vaudeville des Scythes et les Amazones.

Y pensez-vous? Quel est donc ce langage?
J'en suis encor tout tremblant.
FRÉDÉRIC.
                    Mais aussi
Quand le malheur me poursuit...
PHILIPPE.
                    Du courage,
Et n'allez pas fuir devant l'ennemi;
Non, n'allez pas fuir devant l'ennemi.
Restez, morbleu!
FRÉDÉRIC.
            Moi! que je vive encore!
Ah! dans le monde, aux yeux d'un créancier,

Quand on rougit, quand on se déshonore,
Il faut mourir.

PHILIPPE.

Eh non ! il faut payer.

FRÉDÉRIC.

Quand on rougit, quand on se déshonore,
Il faut mourir.

PHILIPPE.

Du tout, il faut payer ;
Avant tout, monsieur, il faut payer !

FRÉDÉRIC.

Et comment payer onze mille francs ?

PHILIPPE.

Je n'en sais rien, c'est embarrassant ; il n'y a pas d'économies qui puissent y suffire.

FRÉDÉRIC.

J'ai couru chez tous mes amis.

PHILIPPE.

Bah ! les amis, quand il faut prêter, ils sont loin. Il n'y a qu'une personne qui puisse vous tirer de là.

FRÉDÉRIC.

Mademoiselle d'Harville, ma protectrice.

PHILIPPE.

Il faut tout lui avouer.

FRÉDÉRIC.

Je n'oserai jamais ; je l'aime beaucoup, mais j'en ai si peur...

PHILIPPE.

C'est égal, morbleu ! Du courage, il faut en passer par là ; ce sera votre punition. Justement la voici.

SCÈNE VII.

Les mêmes ; Mlle D'HARVILLE.

(Frédéric et Philippe remontent le théâtre et se tiennent au fond à gauche.)

FRÉDÉRIC.

Tu ne nous quitteras pas, n'est-il pas vrai?

PHILIPPE.

Soyez donc tranquille. Je suis là, en corps de réserve, pour vous soutenir.

(Mademoiselle d'Harville entre ; elle marche lentement, et descend le théâtre sans voir Frédéric ni Philippe.)

FRÉDÉRIC, à Philippe.

Elle ne nous voit pas, elle est préoccupée, et elle a un air si sévère...

PHILIPPE.

Je connais cet air-là ; avancez, et ne tremblez pas.

FRÉDÉRIC, fait quelques pas et recule.

Non, je n'oserai jamais, c'est plus fort que moi, et plu tôt mourir.

(Il s'enfuit dans sa chambre dont il ferme la porte.)

PHILIPPE.

Allons donc ! (Regardant autour de lui, et le voyant partir.) Eh bien ! il s'enfuit, et me laisse seul exposé au danger.

Mlle D'HARVILLE, levant les yeux.

Ah! c'est vous, Philippe ! Frédéric a-t-il enfin reparu?

PHILIPPE.

Oui, mademoiselle.

Mlle D'HARVILLE.

J'espère que vous lui avez parlé. (Voyant que Philippe regarde de tous côtés.) Quoi donc ? que regardez-vous ?

PHILIPPE.

Si personne ne vient, (Il se rapproche.) parce que suis bien aise de ne pas être interrompu.

Mlle D'HARVILLE.

Qu'y a-t-il donc?

PHILIPPE.

Il y a, mademoiselle, un petit malheur, peu de chose. Dame! la jeunesse, c'est un moment de fièvre qui dure plus ou moins; et quand l'accès est passé, ce qui malheureusement arrive toujours trop tôt...

Mlle D'HARVILLE.

Où voulez-vous en venir?

PHILIPPE.

Voici, mademoiselle. (Baissant la voix.) L'enfant a joué.

Mlle D'HARVILLE.

Frédéric!

PHILIPPE.

Oui, mademoiselle, il a joué, il a perdu, il doit de l'argent. (A part.) Là! coup sur coup, c'est plus vite passé.

Mlle D'HARVILLE.

Que me dites-vous là? cette maison où mon neveu l'a rencontré...

PHILIPPE.

C'était une maison de jeu, mais dans le grand genre, bonne société; aussi l'enfant a beaucoup perdu, et maintenant, mademoiselle, il faut payer.

Mlle D'HARVILLE.

Payer! et vous croyez que j'y consentirai, moi? que j'encouragerai un pareil désordre? que j'acquitterai une dette de jeu?

PHILIPPE.

Oui, mademoiselle, onze mille francs.

Mlle D'HARVILLE.

Eh! qu'importe la somme? ai-je coutume de compter, pour du bien à faire, un service à rendre? j'y mets quelque noblesse, je crois; mais après une pareille conduite, non, Philippe, non, mon parti est pris, je ne paierai rien.

PHILIPPE, s'animant.

Vous ne paierez rien?

Mlle D'HARVILLE.

Non, sans doute; eh! que dirait ma famille, que dirait le monde, si la fortune des d'Harville ne servait qu'à réparer les sottises d'un étourdi?

PHILIPPE.

Votre famille ! le monde ! vous les craignez trop, mademoiselle; vous leur avez déjà sacrifié tant de choses !

Mlle D'HARVILLE.

Philippe!...

PHILIPPE.

Ne craignez rien, ce que je vous ai promis, je ne l'oublierai pas ; mais il faut que chacun fasse son devoir, songez donc que ce pauvre jeune homme n'a que vous au monde, et si vous l'abandonnez, si vous souffrez qu'il soit déshonoré, il a du cœur; cet enfant, il se tuera.

Mlle D'HARVILLE.

O ciel!

PHILIPPE.

Il y est décidé. Que voulez-vous, il ne tient pas à la vie; comme il me disait tout à l'heure : « Je suis seul, sans parents, sans espérance; je dois tout à la pitié. »

Mlle D'HARVILLE.

Il disait cela?

PHILIPPE.

Oui, et bien d'autres choses qui m'ont fait venir les larmes aux yeux... Pauvre garçon! je le regardais et je me disais à part moi... (Mouvement de mademoiselle d'Harville.) Rien, mademoiselle, rien du tout ; mais j'avais le cœur serré. Oh! vous ne sentez pas cela, vous; vous êtes tranquille, heureuse.

Mlle D'HARVILLE.

Heureuse! moi! Non, Philippe, non, je ne le suis pas.

PHILIPPE.

Laissez donc, mademoiselle! Dans vos salons, entourée de ce monde qui vous honore, de votre famille que vous dirigez selon votre plaisir...

Mlle D'HARVILLE.

Au fond du cœur, croyez-vous donc que je ne sente rien de plus?... mais je dois à tous ceux qui m'entourent des leçons, des exemples.

PHILIPPE.

Comment, mademoiselle !

Mlle D'HARVILLE.

Je paierai tout, je m'y engage; mais n'en parlez à personne, ne le dites pas à lui-même.

PHILIPPE.

Pourquoi donc ? vous avez peur qu'il ne vous aime trop?

Mlle D'HARVILLE.

Ah! pouvez-vous le penser? mais mon neveu pourrait s'étonner, se plaindre; vous savez qu'il doit être mon héritier.

PHILIPPE.

Raison de plus pour bien traiter ce pauvre Frédéric pendant que vous y êtes. Et d'abord, il ne doit plus être exposé à retomber dans une pareille faute. Pour cela, il faut qu'il soit content. Sa pension n'est pas assez forte.

Mlle D'HARVILLE.

Vous croyez? eh bien ! Philippe, on peut l'augmenter.

PHILIPPE.

Oui, du double. Après ça, tous ses camarades ont des chevaux, des équipages. (Mouvement de mademoiselle d'Harville.) Je ne suis pas exigeant, mais il me semble que quand vous lui donneriez un joli cheval de selle, avec un domestique pour l'accompagner...

Mlle D'HARVILLE.

En vérité, Philippe, vous êtes d'une exigence...

PHILIPPE.

Dame ! écoutez donc, mademoiselle...

Mlle D'HARVILLE.

C'est bien ; achetez ce cheval, tout ce qu'il faudra, mais soyez économe.

PHILIPPE.

Suffit ; je prendrai ce qu'il y a de plus cher, et quand il sera dessus, vous m'en direz des nouvelles. Le gaillard ! savez-vous qu'il est très-bien, au moins ? Vous n'y faites pas attention ; mais l'autre jour, aux Tuileries, il y avait des dames, mais de belles dames, qui le regardaient passer, et qui disaient entre elles : « Tournure distinguée ! joli cavalier ! »

Mlle D'HARVILLE, avec joie.

Vraiment ?

PHILIPPE.

Oui, mademoiselle, oui, elles l'ont dit ; il ne l'a pas entendu, lui ; mais moi qui l'accompagnais, je n'en ai pas perdu un mot, et ça me faisait plaisir.

Mlle D'HARVILLE.

En effet, il a une physionomie...

PHILIPPE.

Fort agréable, j'ose le dire ; et s'il était un peu encouragé, si vous lui adressiez de temps en temps un petit mot d'amitié... Tenez, mademoiselle, vous êtes trop sévère avec lui.

Mlle D'HARVILLE.

Moi !

PHILIPPE.

Il est là, tout tremblant.

Mlle D'HARVILLE.

Là !... Frédéric !

PHILIPPE.

AIR : Dis-moi, t'en souviens-tu ?

Si vous-même daigniez lui dire
Que vous pardonnez cette fois...
Allons, votre cœur le désire
Autant que le mien, je le vois.

Mlle D'HARVILLE.

Mais êtes-vous sûr que personne ?...

PHILIPPE.

Non, non, personne ici n' porte ses pas,
Et vous pouvez être indulgente et bonne ;
Ne craignez rien, on ne vous verra pas.

(Mademoiselle d'Harville s'assied auprès de la table ; Philippe va à la porte de la chambre de Frédéric, et lui fait signe d'approcher.)

SCÈNE VIII.

Mlle D'HARVILLE, FRÉDÉRIC, PHILIPPE.

PHILIPPE, bas à Frédéric.

Venez, j'ai parlé, ça va bien.

FRÉDÉRIC, de même.

Ce n'est pas possible.

PHILIPPE, de même.

Si fait ! soyez gentil, et remerciez-la.

Mlle D'HARVILLE.
Ah! Frédéric, approchez.

PHILIPPE, le poussant.
Approchez donc, plus près, encore.

FRÉDÉRIC, à part.
Je tremble.

Mlle D'HARVILLE.
Je sais tout, monsieur. (Mouvement de Frédéric.) Rassurez-vous ; je n'ajouterai pas aux reproches que vous vous faites sans doute, je réparerai votre folie ; mais que cette leçon ne soit pas perdue.

FRÉDÉRIC.
Je ne l'oublierai de ma vie, ni vos bontés non plus, madame.

PHILIPPE, bas.
C'est ça.
(Il passe auprès de la table à la droite de mademoiselle d'Harville.)

Mlle D'HARVILLE.
Frédéric, ne devenez pas joueur, je vous en prie.

FRÉDÉRIC.
Jamais, madame, jamais. (A part.) Je n'en reviens pas... tant de bonté...

PHILIPPE.
Il ne jouera plus, mademoiselle ; c'est bon pour une fois.

Mlle D'HARVILLE.
Vous me feriez bien de la peine.

FRÉDÉRIC.
Ah! je mourrais plutôt que de rien faire qui pût déplaire à madame ; quand je songe à tous les bienfaits dont on m'a comblé dans cette maison, moi, qui n'avais personne au monde...

Mlle D'HARVILLE, lui tendant la main.

Vous avez des amis qui ne vous abandonneront pas, tant que vous serez digne d'eux.

PHILIPPE.

Il le sera toujours, j'en réponds.

FRÉDÉRIC, baisant avec transport la main de mademoiselle d'Harville.

Oh! toujours.

(Mademoiselle d'Harville se détourne avec émotion.)

PHILIPPE, bas à mademoiselle d'Harville.

C'est bien, ça, mademoiselle. (A part.) A sa place, il me semble que moi, je l'aurais déjà...

(Il fait le mouvement d'embrasser.)

Mlle D'HARVILLE.

Et vos travaux, vos études, où en êtes-vous ? songez-vous à vous faire un état, un nom ?

FRÉDÉRIC.

Je n'ai plus qu'à prêter mon serment d'avocat.

PHILIPPE.

Là! voyez-vous, il est avocat ! et il n'en disait rien.

FRÉDÉRIC.

C'est si peu de chose, tant qu'on ne s'est pas distingué !

Mlle D'HARVILLE.

Il a raison.

PHILIPPE.

Il paraît que c'est difficile, et que, dans ce régiment-là, les chevrons ne viennent pas vite ; mais c'est égal, c'est toujours fort joli d'être avocat à son âge, n'est-ce pas, mademoiselle ?

Mlle D'HARVILLE.

Sans doute ; c'est un titre. J'ai vu des avocats qui étaient reçus dans les meilleures maisons ; cela peut mener à quelque chose.

PHILIPPE.

Je crois bien !

Mlle D'HARVILLE, à part, observant Frédéric.

Oui, Philippe disait vrai; il n'est pas mal : bonne tournure, air distingué. (Philippe vient auprès de Frédéric à sa gauche. Elle se lève. Haut à Frédéric.) Écoutez-moi, Frédéric, je m'occupe de votre avenir, de votre bonheur; je ne vous demande que de n'y point mettre obstacle par votre conduite.

FRÉDÉRIC.

Ah! parlez ; décidez de mon sort : trop heureux de vous consacrer ma vie.

Mlle D'HARVILLE.

Voilà qui me satisfait; je ne trouverai donc en vous nul obstacle à mes volontés ?

FRÉDÉRIC.

Que je perde tous mes droits à vos bontés si j'hésite un instant à vous obéir !

PHILIPPE.

Je suis sa caution.

Mlle D'HARVILLE.

Eh bien! Frédéric, j'ai en vue pour vous un établissement fort honorable, une étude qui vaut, dit-on, deux cent mille francs.

FRÉDÉRIC, s'inclinant.

Ah! madame!...

Mlle D'HARVILLE.

Celle de Desmarets, mon avoué; il vous la cède pour rien.

PHILIPPE.

Pas possible !

Mlle D'HARVILLE.

C'est la dot de sa fille, jeune personne charmante et très-bien élevée, qu'il vous donne en mariage.

FRÉDÉRIC.

O ciel !

TRIO.

Musique de M. HEUDIER.

Ensemble.

FRÉDÉRIC.

Sort fatal ! destin contraire !
Cet arrêt me désespère ;
Mais que résoudre, que faire,
Pour éviter sa colère ?

PHILIPPE.

Sort heureux ! destin prospère !
Lorsque son cœur moins sévère
A nos vœux n'est plus contraire,
Pourquoi gémir et vous taire ?

Mlle D'HARVILLE.

Quel embarras ! quel mystère !
Lorsque mon cœur moins sévère
Vous assure un sort prospère,
Pourquoi gémir et vous taire ?
(A Frédéric.)
Vous gardez le silence ?

FRÉDÉRIC, hésitant.

Pardon, je ne puis accepter.

PHILIPPE, bas.

O ciel ! quelle imprudence !

Mlle D'HARVILLE.

Que dit-il ?

FRÉDÉRIC.

Daignez m'écouter.

Mlle D'HARVILLE.

Non, monsieur, à mes vœux
Il faut souscrire, je le veux.
Cet hymen...

FRÉDÉRIC.

Non, jamais ;
Ah ! plutôt perdre vos bienfaits !

Ensemble.

FRÉDÉRIC.

Sort fatal ! destin contraire !
Cet arrêt me désespère.
Mais que résoudre, que faire,
Pour éviter sa colère,
Pour éviter sa colère ?

Mlle D'HARVILLE.

A mes vœux être contraire !
Ah ! redoutez ma colère !...
Que veut dire ce mystère ?
Mais, parlez, c'est trop vous taire,
Ou redoutez ma colère.

PHILIPPE.

A ses vœux être contraire !
Ah ! redoutez sa colère !...
Que veut dire ce mystère ?
Mais, parlez, c'est trop vous taire,
Ou redoutez sa colère.

SCÈNE IX.

Les mêmes ; MATHILDE, accourant au bruit.

MATHILDE.

Ah ! mon Dieu ! ma tante, qu'est-ce donc ? comme vous avez l'air fâché !

Mlle D'HARVILLE, regardant Frédéric.

Il me semble que j'ai quelque droit de l'être.

MATHILDE.

Contre monsieur Frédéric !

Mlle D'HARVILLE.

Sans doute; et vous, mademoiselle, qui prenez toujours son parti, je ne sais pas, dans cette occasion, comment vous pourrez le justifier. Refuser un mariage superbe!

PHILIPPE.

Une étude de deux cent mille francs!

Mlle D'HARVILLE.

Une jeune personne charmante!

MATHILDE.

Serait-il vrai, monsieur Frédéric?

Mlle D'HARVILLE.

Et pour quelle raison?

FRÉDÉRIC.

Si je ne me croyais plus libre, si mon cœur était engagé?

Mlle D'HARVILLE.

Quoi! c'est cela?

PHILIPPE.

Oui, mademoiselle, je l'avais oublié, il est amoureux.

FRÉDÉRIC.

Pour mon malheur! mais cela ne me donne pas le droit, en me mariant, de faire celui d'une autre.

MATHILDE.

Ma tante, c'est au moins d'un honnête homme, et vous ne pouvez le forcer...

Mlle D'HARVILLE.

D'être raisonnable? si vraiment! finissons.

AIR de la romance de *Téniers*.

Je veux connaître cette belle.
(A Philippe.)
A vous, peut-être, il le dira.

PHILIPPE, à Frédéric.

Répondez, monsieur, quelle est-elle ?

FRÉDÉRIC.

Non, non, personne ici ne le saura.
N'insistez pas sur un sujet semblable ;
Oui, malgré moi, pour mon tourment,
Je puis l'aimer, et sans être coupable ;
Je le serais en la nommant.

SCÈNE X.

Les mêmes ; BEAUVOISIS.

BEAUVOISIS.

Eh bien ! où est donc tout le monde ? on me laisse seul. Je vous cherchais, ma jolie cousine.

MATHILDE.

Vraiment !

BEAUVOISIS.

Moi, qui m'endors dès que je ne fais rien, je m'amusais à feuilleter votre carton de dessins, des choses ravissantes, lorsque tombe à mes pieds cette lettre toute cachetée.

Mlle D'HARVILLE.

Une lettre !

BEAUVOISIS.

Adressée à Mathilde.

FRÉDÉRIC, à part, dans le plus grand trouble.

C'est la mienne !

Mlle D'HARVILLE.

Qu'est-ce que cela signifie ?

MATHILDE.

Je l'ignore, ma tante ; voyez vous-même.

PHILIPPE, bas à Frédéric qui fait un mouvement.
Qu'avez-vous donc?
FRÉDÉRIC, de même.
C'est fait de moi!

Mlle D'HARVILLE, qui pendant ce temps a décacheté la lettre.
Une déclaration!... Signée : Frédéric!...

BEAUVOISIS, MATHILDE, Mlle D'HARVILLE, PHILIPPE.
Frédéric!

AIR : A nos serments l'honneur t'engage. (*La Muette.*)

Ensemble.

Mlle D'HARVILLE et BEAUVOISIS.
Dieu! qu'ai-je lu!
Quelle insolence!
C'est l'indulgence
Qui l'a perdu.

PHILIPPE et MATHILDE.
Qu'ai-je entendu?
Quelle imprudence!
Plus d'espérance,
Tout est perdu!

FRÉDÉRIC, à part.
Qu'ai-je entendu!
Plus d'espérance!
Mon imprudence
A tout perdu!

Mlle D'HARVILLE.
M'outrager ainsi!

BEAUVOISIS.
Quelle audace!

Mlle D'HARVILLE.
Manquer à ma famille!

BEAUVOISIS.
Oublier ce qu'il est!

Mlle D'HARVILLE.
A mes bontés voilà le prix qu'il réservait !

FRÉDÉRIC.
Ah ! de grâce...

BEAUVOISIS.
Il fallait le tenir à sa place.

Mlle D'HARVILLE.
Il suffit ! de ces lieux qu'il s'éloigne à l'instant.

MATHILDE.
Que dites-vous, ô ciel !

Mlle D'HARVILLE, regardant sa nièce et Philippe.
J'espère maintenant
Que personne, chez moi, n'osera le défendre.
(Mathilde baisse les yeux.)

FRÉDÉRIC.
Ah ! madame, daignez m'entendre.

Ensemble.

Mlle D'HARVILLE et BEAUVOISIS.
Dieu ! qu'ai-je lu ! etc.

PHILIPPE et MATHILDE.
Qu'ai-je entendu ! etc.

FRÉDÉRIC, à part.
Qu'ai-je entendu ! etc.

Mlle D'HARVILLE.
Qu'il sorte de mon hôtel ! (A Beauvoisis.) Tenez, vicomte, voici la clef de mon secrétaire ; allez, faites un bon sur mon banquier d'une année de pension.

FRÉDÉRIC.
Et je pourrais encore accepter vos bienfaits !

PHILIPPE, bas à Frédéric.
Taisez-vous !

Mlle D'HARVILLE.

Rentrez, Mathilde, dans votre appartement ; et vous, Philippe, suivez-moi. (Philippe veut lui parler.) Et pas un mot !

(Beauvoisis sort le premier ; mademoiselle d'Harville, avant de sortir, ordonne du geste à Mathilde de rentrer chez elle ; Frédéric et Philippe implorent mademoiselle d'Harville qui les regarde d'un air courroucé, et sort ; Philippe la suit. Mathilde est seule à droite auprès de la porte de son appartement.)

SCÈNE XI.

MATHILDE, FRÉDÉRIC.

MATHILDE, prête à rentrer.

Ah ! l'imprudent !

(Au moment où elle va rentrer, Frédéric passe à sa droite pour l'arrêter.)

FRÉDÉRIC.

Ah ! mademoiselle, un mot, de grâce !

MATHILDE, toujours près de la porte.

Impossible.

FRÉDÉRIC.

Au nom du ciel ! daignez m'écouter.

MATHILDE, de même.

Je ne le puis plus maintenant, et ma tante... M. de Beauvoisis...

FRÉDÉRIC, regardant par la porte du fond, et revenant à la gauche de Mathilde.

Peu m'importe leur colère ; c'est la vôtre que je redoute : et quand un mot pourrait me justifier...

MATHILDE.

Vous justifier... Ah ! je le voudrais.

FRÉDÉRIC.

Ce secret eût dû mourir avec moi, je le sais ; et quand je

l'ai trahi, c'est que j'étais décidé à vous fuir à jamais, à m'ôter la vie...

MATHILDE.

Que dit-il ?

FRÉDÉRIC.

Seul parti qui me reste maintenant.

MATHILDE, s'approchant vivement.

O ciel ! monsieur Frédéric ! (Se reprenant sur un ton plus timide.) Je n'ai le droit de rien exiger de vous; mais si vous m'avez offensée, si vous tenez à votre pardon, renoncez à de telles idées, conservez-vous pour vos amis.

FRÉDÉRIC.

Des amis ! je n'en ai plus.

MATHILDE.

Ah ! plus que vous ne croyez.

FRÉDÉRIC, se jetant à ses pieds.

Qu'entends-je !... Ah ! Mathilde !

SCÈNE XII.

LES MÊMES; BEAUVOISIS, entrant par le fond une traite à la main.

BEAUVOISIS, les apercevant.

Qu'est-ce que c'est que ça ?

MATHILDE, poussant un cri.

Ah !

(Elle se sauve dans son appartement.)

BEAUVOISIS, riant.

Admirable ! et voilà qui est du dernier pathétique. Heureusement que la scène n'avait pas d'autre témoin que moi.

FRÉDÉRIC.

Monsieur...

BEAUVOISIS.

Il suffit; je veux bien ne pas en parler à ma tante, qui, sans doute, vous retirerait ses derniers bienfaits. (Lui présentant une lettre de change.) Les voici; prenez et partez. Prenez, vous dis-je.

FRÉDÉRIC.

Jamais; la main qui me les offre suffirait pour me les faire refuser.

BEAUVOISIS.

Qu'est-ce à dire?

FRÉDÉRIC.

Que je dois respect à ma bienfaitrice; mais à vous, monsieur, je ne vous dois rien, et je vous demanderai de quel droit vous vous êtes permis.....

BEAUVOISIS, riant.

De vous surprendre aux pieds de ma cousine?

FRÉDÉRIC.

Non, monsieur, mais de vous emparer d'une lettre qui n'était pas pour vous; c'est une action... une action indigne d'un galant homme. Je ne sais pas si je me fais entendre.

BEAUVOISIS.

Ah! permettez, ce n'est pas bien, monsieur Frédéric; parce que vous êtes sans importance, sans état dans le monde, vous abusez de vos avantages pour m'insulter. Ce n'est pas généreux.

AIR de *Lantara*.

Je ne saurais, en conscience,
Accepter un pareil rival.

FRÉDÉRIC.

Oui, votre nom, votre naissance
Rendraient le combat inégal.

BEAUVOISIS.

Ah! vous me comprenez fort mal.

Parler ici de rang et de distance
N'est plus de mode, et n'est pas mon dessein;
Car, maintenant, avec ou sans naissance,
Tous sont égaux les armes à la main.

Je voulais seulement vous parler de votre position dans cette maison.

FRÉDÉRIC.

Je n'y suis plus, on m'en bannit.

BEAUVOISIS.

Vous devez du moins vous la rappeler.

FRÉDÉRIC.

Vous me l'avez fait oublier. J'ai reçu les bienfaits de la tante et les outrages du neveu; nous sommes quittes, et si vous n'êtes point un lâche...

BEAUVOISIS, *étonné.*

Monsieur...

Air : Le regret, la douleur. (*Léocadie.*)

Ensemble.

BEAUVOISIS.

C'en est trop, mon honneur
Doit punir cet outrage ;
Le dépit, la fureur,
S'emparent de mon cœur.
Il vous faut, je le gage,
Donner une leçon ;
Et d'un pareil outrage
Je veux avoir raison.

FRÉDÉRIC.

Je l'ai dit, mon honneur
Punira cet outrage.
Le dépit, la fureur,
S'emparent de mon cœur.
Vous avez, je le gage,
Besoin d'une leçon ;

Et d'un pareil outrage
Je veux avoir raison.

BEAUVOISIS.

Votre attente, monsieur, ne sera point trompée.
Votre arme?

FRÉDÉRIC.

C'est égal.

BEAUVOISIS.

L'épée?

FRÉDÉRIC.

Oui, soit, l'épée.

BEAUVOISIS.

Votre témoin?

FRÉDÉRIC.

Je n'en ai pas besoin.

BEAUVOISIS.

Le lieu?

FRÉDÉRIC.

Le Bois.

BEAUVOISIS.

Et l'heure?

FRÉDÉRIC.

Sur-le-champ.

BEAUVOISIS.

Soit, j'y consens.

FRÉDÉRIC.

Je vous suis à l'instant.

Ensemble.

BEAUVOISIS.

C'est assez, mon honneur
Doit punir cet outrage, etc.

FRÉDÉRIC.

C'est assez, mon honneur
Punira cet outrage, etc.

(Beauvoisis sort.)

SCÈNE XIII.
FRÉDÉRIC, seul.

C'est bien; il est adroit, je ne le suis pas; ce sera plus tôt fini, je serai délivré d'une existence qui m'est à charge. Et puisque je ne peux plus voir Mathilde, puisque, aujourd'hui même, il faut quitter ces lieux...

SCÈNE XIV.
FRÉDÉRIC, PHILIPPE.

PHILIPPE, qui est entré avant les derniers mots.

Les quitter! pas encore.

FRÉDÉRIC.

Que dis-tu?

PHILIPPE.

Que je viens de parler pour vous.

FRÉDÉRIC.

On te l'avait défendu.

PHILIPPE.

Écoutez-moi; vous avez eu de grands torts : le premier d'aimer mademoiselle Mathilde; le second de lui écrire, et le troisième surtout de ne pas m'en avoir parlé.

FRÉDÉRIC.

A toi?

PHILIPPE.

Oui, sans doute; c'est une idée comme une autre, et si elle m'était venue plus tôt, on aurait agi en conséquence.

FRÉDÉRIC.

Y penses-tu?

PHILIPPE.

Si j'y pense!... apprenez que depuis vingt-cinq ans, je n'ai point passé un jour sans penser à votre avancement, à votre avenir; et vous n'aurez jamais autant d'ambition que j'en ai pour vous.

FRÉDÉRIC.

Mon cher Philippe!

PHILIPPE.

Mais pour arriver, il faut se laisser conduire et me laisser faire. Vous restez, vous ne partez plus.

FRÉDÉRIC.

Il serait possible! et comment as-tu pu l'obtenir?

PHILIPPE.

A deux conditions, dont j'ai répondu.

FRÉDÉRIC, vivement.

Et que je ratifie d'avance.

PHILIPPE.

D'abord, que vous éviterez mademoiselle Mathilde, et que vous ne lui répéterez jamais un seul mot de ce que vous lui avez écrit.

FRÉDÉRIC.

Ah! mon Dieu! c'est déjà fait.

PHILIPPE, sévèrement.

Qu'est-ce que c'est?

FRÉDÉRIC.

Rien; et la seconde condition?

PHILIPPE.

C'est de ménager M. de Beauvoisis, de vous mettre bien avec lui; et, pour commencer, comme il a droit d'être offensé de la lettre de ce matin, mademoiselle d'Harville exige qu'à ce sujet vous fassiez quelques excuses à son neveu.

FRÉDÉRIC.

Des excuses! à mon rival! à l'auteur de ma disgrâce! à un homme qui a passé sa vie à m'abreuver d'outrages, des excuses!... je vais me battre avec lui.

PHILIPPE.

Vous battre!

FRÉDÉRIC.

AIR d'*Aristippe*.

Oui, dût ma mort être certaine,
Je n'écoute que mon courroux.
J'ai sa parole, il a la mienne,
Et nous avons pris rendez-vous.

PHILIPPE.

Quoi! vous avez pris rendez-vous?

FRÉDÉRIC.

Le premier, il faut qu'il m'y trouve.
(Le regardant.)
Mais tu trembles! est-ce d'effroi?

PHILIPPE, ému.

Oui, c'est possible; car j'éprouve
Ce que jamais je n'éprouvai pour moi.

(Avec plus d'émotion.) Vous battre! vous qui savez à peine tenir une épée!

FRÉDÉRIC.

N'importe!

PHILIPPE.

Et lui, qui ne se bat jamais qu'à coup sûr!

FRÉDÉRIC.

Ça m'est égal.

PHILIPPE.

C'est courir à un péril certain.

FRÉDÉRIC.

Eh bien! que mon sort s'accomplisse! qu'ai-je à faire ici-bas? Jeté seul sur la terre, m'ignorant moi-même, et rougissant peut-être de me connaître... sans parents, sans famille...

PHILIPPE.

Et moi, je ne suis donc rien pour vous?

FRÉDÉRIC, vivement et lui prenant la main.

Si, si, je me trompe; toi, toi seul, Philippe, tu m'aimais, je le sais; en ce moment même tu es ému, tes yeux sont mouillés de pleurs.

PHILIPPE, très-ému.

Eh bien! au nom de ce long attachement, par ces larmes que vos dangers m'arrachent, renoncez à ce funeste dessein!

FRÉDÉRIC.

Y renoncer!

PHILIPPE, avec âme.

Frédéric, mon ami! mon enfant! je vous en supplie, je vous le demande à genoux, non pour mademoiselle d'Harville, dont vous voulez si mal reconnaître les bienfaits, non pour Mathilde, que vous allez rendre mille fois plus malheureuse, mais pour moi, pour votre vieux Philippe, qui vous a vu naître, qui vous a porté dans ses bras; oubliez les propos d'un étourdi, d'un fou.

FRÉDÉRIC.

Les oublier! non, jamais.

PHILIPPE.

Quel était le sujet de la dispute?

FRÉDÉRIC, avec force.

Je n'en sais rien, mais il faut que je me venge.

PHILIPPE.

Que vous a-t-il dit?

FRÉDÉRIC, hors de lui.

Je n'en sais rien, mais il faut que je me venge, de lui, de son amour, de son mariage avec Mathilde. L'heure approche; vite, Philippe, mon épée.

PHILIPPE, froidement.

Non, monsieur.

FRÉDÉRIC.

Comment!

PHILIPPE.

Vous n'irez pas.

FRÉDÉRIC.

Qu'oses-tu dire?

PHILIPPE.

Que, puisque vous êtes sourd à mes prières, à la voix de l'amitié, puisque vous oubliez tous vos devoirs, je remplirai les miens; vous ne sortirez pas.

FRÉDÉRIC.

Et qui pourrait m'en empêcher?

PHILIPPE.

Moi, qui vous consigne.

FRÉDÉRIC.

C'est ce que nous allons voir.

(Il va prendre sur la table ses gants, son chapeau et sa cravache, qu'il y a déposés à sa première entrée; pendant ce mouvement, Philippe est allé fermer la porte du fond, dont il a retiré la clef.).

FRÉDÉRIC, se retourne et l'aperçoit.

Comment, tu oserais?...

PHILIPPE.

Vous sauver malgré vous; oui, monsieur, je vous ai dit que vous ne sortiriez pas, et vous ne sortirez pas.

FRÉDÉRIC.

Quelle audace! (D'une voix émue.) Philippe, rendez-moi cette clef.

PHILIPPE.

Non, monsieur.

FRÉDÉRIC, s'emportant.

Crains ma fureur.

PHILIPPE, d'un ton impérieux.

Je ne crains rien, et je vous défends...

FRÉDÉRIC, hors de lui.

Me défendre! c'en est trop, et une telle insolence...

PHILIPPE, voulant le retenir.

Arrêtez!

FRÉDÉRIC, levant sa cravache.

Sera châtiée par moi.

PHILIPPE.

Malheureux! frappe donc ton père!

FRÉDÉRIC.

Mon père!...

(Il laisse tomber sa cravache.)

PHILIPPE.

AIR : Époux imprudent, fils rebelle. (M. Guillaume)

Oui, je le suis, oui, j'en atteste
Cet amour que j'avais pour toi;
Oui, voilà ce secret funeste
Qui devait mourir avec moi;
Ce secret, dont je fus victime,
Je l'avais gardé jusqu'ici
Pour ton bonheur, je l'ai trahi,

18.

Ingrat! pour t'épargner un crime,
Afin de t'épargner un crime!

FRÉDÉRIC.

Je n'ose lever les yeux.

PHILIPPE.

Tu rougis sans doute de devoir le jour à un valet?

FRÉDÉRIC.

Jamais, jamais; ne le pensez pas.

PHILIPPE.

Je n'ai qu'un mot à te dire : ce valet était soldat quand tu es venu au monde ; plein d'ardeur et de courage, une carrière brillante s'ouvrait devant moi, car alors on se faisait tuer, ou on devenait général. Eh bien! gloire, avenir, fortune, jusqu'à l'espoir de mourir sur un champ de bataille, j'ai tout sacrifié; pour rester près de mon fils, pour veiller sur sa jeunesse, je n'ai pas craint de m'exposer aux dédains, de m'abaisser à l'emploi le plus vil, de devenir ton serviteur. (Mouvement de Frédéric.) Je n'en ai pas rougi, moi; je me disais : « Il m'aimera, n'importe comment; cela me suffit. »

FRÉDÉRIC.

Ah! comment payer tant de bienfaits? comment expier mes torts? (Il se jette dans ses bras.) Mon père! (Avec amour.) Ah! que ce nom fait de bien! qu'il est doux à prononcer! j'ai un ami, une famille; je ne suis plus seul.

(Il embrasse de nouveau Philippe, qui le presse tendrement dans ses bras.)

PHILIPPE, s'essuyant les yeux.

Cher enfant, calme-toi.

FRÉDÉRIC.

Mais, de grâce, daignez m'expliquer...

PHILIPPE.

Pas un mot de plus sur ce mystère; une promesse sacrée, un serment... que personne ne puisse soupçonner que je l'ai trahi! Mais maintenant refuseras-tu encore de m'obéir?

FRÉDÉRIC, vivement.

Non, non, je suis prêt ; parlez.

PHILIPPE.

AIR du vaudeville de *Turenne*.

Puisqu'à mes vœux tu consens à te rendre,
A l'instant mêm' rentre chez toi.

FRÉDÉRIC.

Y pensez-vous? il va m'attendre.

PHILIPPE.

N'as-tu pas confiance en moi?

FRÉDÉRIC.

Oh! oui, sans doute, oui, je vous croi ;
Mais vous devez comprendre mieux qu'un autre
Qu'en ce moment, avec bien plus d'ardeur,
Je dois tenir à venger mon honneur
Puisqu'à présent il est le vôtre.

PHILIPPE.

Cela me regarde; un soldat sait aussi bien que toi ce que l'honneur demande.

FRÉDÉRIC, à part.

Grand Dieu! et cette porte est la seule... impossible de m'échapper. (Haut.) De grâce...

PHILIPPE.

Rentre, te dis-je, Frédéric, je t'en prie.

FRÉDÉRIC, hésitant.

Mon père!

PHILIPPE, avec dignité.

Je vous l'ordonne.

FRÉDÉRIC, accablé.

J'obéis.

(Il s'incline avec respect, et rentre dans sa chambre. Philippe le suit des yeux.)

SCÈNE XV.

PHILIPPE, seul. Il va remettre la clef à la porte.

Oui, je devine tout ce qu'il doit souffrir, et je l'en aime davantage ! mais on ne me privera pas du seul bien qui me reste, et je dois avant tout... Voici mademoiselle.

SCÈNE XVI.

PHILIPPE, Mlle D'HARVILLE.

Mlle D'HARVILLE.

Eh bien ! Philippe, l'avez-vous vu ? lui avez-vous signifié mes ordres ?

PHILIPPE, montrant la porte à gauche.

Parlez bas, madame, il est là.

Mlle D'HARVILLE.

Là ! (Regardant Philippe.) Que s'est-il donc passé ? vos traits sont bouleversés.

PHILIPPE.

Je suis arrivé à temps, il allait se battre.

Mlle D'HARVILLE, effrayée.

Se battre !

PHILIPPE.

Avec votre neveu.

Mlle D'HARVILLE.

O ciel ! il fallait le lui défendre.

PHILIPPE.

C'est ce que j'ai fait, je l'ai consigné dans sa chambre,

et jusqu'à nouvel ordre, il n'y a rien à craindre; mais en me servant de mon autorité, il a bien fallu lui prouver que j'en avais le droit, il sait que je suis son père.

Mlle D'HARVILLE.

Grand Dieu!

PHILIPPE.

Rassurez-vous, il n'en sait pas davantage : le reste du secret ne m'appartenait pas, je l'ai respecté. Mais il ne faut pas s'abuser, madame; les demi-mesures ne mèneraient à rien, ces jeunes gens se sont défiés, et plus tard...

Mlle D'HARVILLE.

Malgré votre défense?

PHILIPPE.

A leur âge, quand on a de l'honneur, la défense de se battre n'en donne que plus d'envie. Je sais ce que j'éprouvais, ce que j'éprouve encore à l'idée d'un affront; il n'y a qu'un moyen d'empêcher ce malheur, et vous seule pouvez l'employer.

Mlle D'HARVILLE.

Moi, Philippe!

PHILIPPE.

En faisant disparaître entre eux tout motif de querelle.

Mlle D'HARVILLE.

Et comment?

PHILIPPE.

Frédéric aime votre nièce.

Mlle D'HARVILLE, avec impatience.

Je le sais.

PHILIPPE.

M. de Beauvoisis n'aime que sa dot; il lui sera facile d'y renoncer, et d'abjurer tout projet de vengeance, si vous le lui ordonnez. Quant à Frédéric, je réponds de lui s'il obtient la main de Mathilde.

Mlle D'HARVILLE, vivement.

La main de Mathilde! qu'osez-vous dire?

PHILIPPE, froidement.

Il le faut, madame.

Mlle D'HARVILLE.

Vous avez pu croire que je consentirais à une pareille union?

PHILIPPE.

Il le faut, vous dis-je.

Mlle D'HARVILLE.

Vous n'y pensez pas, Philippe; m'abaisser à ce point! donner des armes contre moi!

PHILIPPE.

Eh! qu'importe? il y va de la vie.

Mlle D'HARVILLE.

Je trouverai un autre moyen de sauver votre fils; mais je ne puis accorder ma nièce à un jeune homme obscur.

PHILIPPE.

Je vous le demande comme une grâce.

Mlle D'HARVILLE.

Non, vous dis-je. (Avec hauteur.) Finissons, Philippe; c'est oublier étrangement ce que vous me devez, et qui vous êtes.

PHILIPPE, avec une indignation concentrée.

Qui je suis! c'est vous qui l'oubliez, mais je vous le rappellerai.

Mlle D'HARVILLE, inquiète.

Philippe!

PHILIPPE, lui prenant la main.

Écoutez-moi. Lorsqu'un arrêt de proscription frappait et vous et votre famille, lorsque seule, séparée d'une mère chérie, vous alliez payer de votre tête l'éclat de votre nom, où vîntes-vous chercher un refuge? sous la tente d'un soldat, sous la mienne, car alors ce n'était que là que l'on trouvait la pitié, et des milliers de cœurs généreux battaient sous le modeste uniforme. Je vous reçus, je vous cachai, au risque de ma vie.

AIR : Soldat français, fils d'obscurs laboureurs.

> Pour vous sauver en ce moment d'horreur,
> Sur mes dangers je devins insensible,
> Et ces dangers même avaient pour mon cœur
> Je ne sais quoi de doux et de terrible.
>   Alors, vous le rappelez-vous ?
> Il n'était plus de rang ni de distance ;
>   Le trépas nous menaçait tous ;
> Et quand la mort est si proche de nous,
>   Déjà l'égalité commence.

Mlle D'HARVILLE, se cachant la figure.

Philippe !

PHILIPPE, continuant.

Oui, j'étais jeune, j'étais brave ; mais je n'étais rien... qu'un soldat... vous l'avez oublié un moment ; et de ce jour votre sauveur est devenu votre esclave.

Mlle D'HARVILLE, effrayée, et montrant la porte de Frédéric.

Plus bas, de grâce !

PHILIPPE.

Alors, ému de vos regrets, de votre désespoir, je me soumis à tout ; plus tard, pour rendre le calme à votre conscience, vous vouliez un mariage, j'y ai souscrit. Pour le monde, pour votre orgueil, vous avez exigé qu'il fût secret, j'y ai consenti. Et votre époux ignoré, confondu dans la foule de vos gens, n'a jamais laissé échapper une plainte, un murmure. (Avec une émotion profonde.) Savez-vous cependant ce que je vous sacrifiais ? je ne vous l'ai jamais dit, madame ; mais, au fond de mon village, près de mon vieux père une jeune fille douce, modeste, attendait le retour du pauvre soldat ! elle avait reçu mes serments ; elle m'aimait, elle était fière de moi, celle-là, et mon bonheur eût été son ouvrage. Eh bien! je lui écrivis que je l'avais oubliée, que je ne l'aimais plus, qu'elle ne me reverrait jamais! Bien plus, pour rester près de mon fils, je me résignai à le voir orphelin, élevé par pitié dans la maison de sa mère, qui, pour cacher sa faute, le prive de ses droits; je me condamnai à ne jamais le serrer dans mes bras, à ne l'aimer qu'en secret, à la dérobée; et pour prix de tant de courage, je ne vous demande qu'une chose, qu'une seule, le bonheur de votre enfant, et vous me le refusez!

Mlle D'HARVILLE.

Je le fais à regret; mais je le dois, et je suis surprise d'un pareil éclat; après vingt-cinq ans de silence, je ne m'attendais pas que vous, Philippe, vous auriez une prétention qui peut m'enlever en un jour ce que j'ai de plus cher au monde, l'estime et la considération de tous ceux qui m'environnent. Le mariage de Mathilde et de Frédéric me les ferait perdre sans retour; car il m'accuserait d'oubli de mon rang, de ma naissance; il trahirait une faiblesse dont on chercherait la cause, et que la malignité aurait bientôt expliquée; et si cette faute que je déplore depuis si longtemps, si ce fatal secret étaient connus, oh! dieux! je frémis d'y penser, je n'y survivrais pas, Philippe! Ainsi brisons là, je vous prie, ne m'en parlez plus, ce mariage est impossible, et ne se fera jamais.

PHILIPPE.

Jamais?

Mlle D'HARVILLE, voulant sortir.

Laissez-moi.

PHILIPPE, la ramenant avec force.

Non, madame, je ne vous quitte pas; j'ai pu me sacrifier à votre repos, à votre vanité; mais en échange de tant de supplices, de tant d'humiliations, il me faut le bonheur de mon fils, il me le faut; je le veux, et je l'obtiendrai par tous les moyens, même ceux que vous redoutez.

Mlle D'HARVILLE.

Qu'entends-je ! et votre devoir, vos serments !

PHILIPPE.

Vous qui parlez, tenez-vous les vôtres?

Mlle D'HARVILLE, apercevant Joseph.

On vient; silence, je vous en conjure.

(Philippe reprend sur-le-champ une contenance respectueuse. Mademoiselle d'Harville s'éloigne et descend vers la gauche du théâtre.)

SCÈNE XVII.

Les mêmes; JOSEPH.

JOSEPH.

Monsieur Philippe...

Mlle D'HARVILLE.

Qu'est-ce qu'il y a, Joseph?

JOSEPH.

Pardon, mademoiselle; c'est monsieur Philippe que je cherchais.

PHILIPPE.

Moi !

JOSEPH.

Pour vous remettre ce papier que le concierge vient de monter; si j'avais su que mademoiselle était ici, je ne me serais pas permis...

PHILIPPE, recevant la lettre et la regardant.

Eh! mais, il n'y a pas d'adresse.

JOSEPH.

Oh! c'est égal, c'est bien pour vous; c'est un commissionnaire qui l'a apporté, il y a un quart-d'heure, en disant de vous le remettre sur-le-champ.

PHILIPPE, étonné.

C'est singulier.

M{{ll}}{{e}} D'HARVILLE, faisant signe à Joseph de sortir.

Il suffit. Allez, Joseph.

(Joseph sort.)

SCÈNE XVIII.

PHILIPPE, M{{ll}}{{e}} D'HARVILLE.

PHILIPPE, ouvrant le billet.

Je ne sais pourquoi ce message me trouble, et je ne puis deviner... (Il jette les yeux sur les premières lignes et pousse un cri.) Ah !

M{{ll}}{{e}} D'HARVILLE.

Qu'est-ce donc ?

PHILIPPE.

Frédéric ! il serait vrai !...
(Il laisse échapper la lettre, et se précipite dans la chambre de Frédéric.)

M{{ll}}{{e}} D'HARVILLE.

Frédéric ! que dit-il ? et quel nouveau malheur ?... (Elle ramasse la lettre et lit rapidement.) « Mon ami, mon père, pardon, « si je vous désobéis ; mais à présent, moins que jamais, « je ne puis vivre avec opprobre. Fils d'un soldat, personne « n'aura le droit de m'appeler un lâche ; l'heure a sonné, « adieu ; dans un instant, je serai vengé, ou je n'existerai « plus. » (Allant vers Philippe.) Est-il possible ! Frédéric !...

PHILIPPE, revenant pâle et les traits décomposés.

C'en est fait, la fenêtre qui donne sur la cour était ouverte, il s'est échappé.

M{{ll}}{{e}} D'HARVILLE.

O ciel !

PHILIPPE.

Il est parti, et peut-être, en ce moment... (Avec des sanglots.) Mon fils ! mon fils !

Mlle D'HARVILLE, le soutenant.

Philippe !

PHILIPPE, tombant dans un fauteuil.

Je ne le verrai plus, il le tuera.

Mlle D'HARVILLE, agitée.

Non, non ; il est encore temps de les arrêter, il faut courir.

PHILIPPE.

Et de quel côté ? où sont-ils maintenant ?

Mlle D'HARVILLE.

Je ne sais, mais n'importe, il faut les retrouver. Ah ! (Courant à la porte du fond, qu'elle ouvre avec précipitation, et appelant.) Marcel ! Joseph ! Baptiste ! (Elle court prendre la sonnette sur la table et sonne en continuant d'appeler.) Marcel ! Joseph ! venez tous, venez vite.

SCÈNE XIX.

LES MÊMES ; JOSEPH, PLUSIEURS DOMESTIQUES dans le fond : puis MATHILDE.

Mlle D'HARVILLE.

Mon neveu, où est-il ?

JOSEPH.

Monsieur le vicomte ? il a quitté l'hôtel depuis longtemps.

Mlle D'HARVILLE.

Et Frédéric, l'avez-vous vu sortir ?

JOSEPH.

Oui, mademoiselle, j'étais à la porte ; il est monté dans un cabriolet de place.

Mlle D'HARVILLE.

Quel chemin a-t-il pris?

JOSEPH.

Je ne sais, je n'ai pas fait attention.

MATHILDE, entrant.

Qu'est-ce donc, ma tante? qu'y a-t-il?

Mlle D'HARVILLE.

Rien, chère amie; c'est M. de Beauvoisis à qui je voudrais parler sur-le-champ. (Aux domestiques.) Que tous mes gens montent à cheval, qu'ils courent chez mon neveu, chez ses amis; qu'on le trouve, quelque part qu'il soit; qu'on lui dise que je l'attends; que je veux le voir, tout de suite, à l'instant; allez, et songez à l'amener avec vous.

(Les domestiques sortent.)

MATHILDE.

Eh! mon Dieu, ma tante! je ne vous ai jamais vue dans une inquiétude pareille pour M. de Beauvoisis; c'est donc bien important?

Mlle D'HARVILLE.

Oui, laissez-moi, je vous en prie, je le veux; ne puis-je être seule?

MATHILDE.

Je m'en vais, ma tante, je m'en vais. Ah! mon Dieu! qu'est-ce qu'il y a donc?

(Elle sort par le fond.)

SCÈNE XX.

Mlle D'HARVILLE, PHILIPPE.

Mlle D'HARVILLE, allant à Philippe qui est resté assis, et accablé par la douleur.

Philippe, mon ami, revenez à vous, il nous sera rendu.

PHILIPPE.

Non, il n'a que du courage ; et son adversaire... ah ! mon pressentiment ne me trompe pas, je ne le verrai plus !

Mlle D'HARVILLE, en larmes.

Frédéric ! notre fils !

PHILIPPE, la regardant, et lentement.

Voilà la première fois que ce mot vous échappe; votre fils !... ah ! vous pleurez maintenant ! il est trop tard ! vous pleurez...

Mlle D'HARVILLE, dans le plus grand trouble.

Eh bien ! oui, dût ma honte éclater à tous les yeux, je l'aime de tout l'amour d'une mère ! Que de fois mes bras se sont ouverts pour le presser sur mon sein, pour l'appeler mon fils, et se sont fermés de désespoir ! Ah ! Philippe ! si tu avais pu lire dans mon cœur, si tu avais connu ses angoisses, ses combats, tu m'aurais pardonné ; ma seule consolation était de m'occuper de lui, de préparer son avenir, de lui former une fortune.

PHILIPPE, avec amertume.

Une fortune, de l'argent; oui, vous croyez, vous autres, que ça tient lieu de tout. (Il se lève.) C'est une mère qu'il fallait lui donner.

Mlle D'HARVILLE, d'un ton suppliant.

Épargnez-moi.

PHILIPPE.

Vous l'aimiez ! il n'en a rien su.

Mlle D'HARVILLE, suppliant.

Philippe !

PHILIPPE.

Il mourra sans avoir reçu un embrassement de sa mère !

Mlle D'HARVILLE.

Philippe !

19.

PHILIPPE, avec force.

C'est votre orgueil, c'est vous qui l'avez tué.

Mlle D'HARVILLE, se cachant la figure.

Ah! Dieu! non, non, il ne mourra pas, le ciel aura pitié de nous. Mathilde, ma fortune, ma vie; je donne tout, si l'on me rend mon Frédéric, si l'on me rend mon fils.

PHILIPPE.

Il est bien temps. (Après un moment de silence.) Écoutez.

Mlle D'HARVILLE, regardant Philippe, qui prête l'oreille du côté de la rue.

Eh bien! qu'avez-vous?

PHILIPPE.

Chut! écoutez, c'est le bruit d'une voiture.

Mlle D'HARVILLE, avec anxiété.

Elle s'arrête à ma porte. (Ils se regardent en silence, et se donnent la main, pour se soutenir. Mademoiselle d'Harville tremblante à Philippe.) Eh bien! pourquoi trembler? c'est lui, c'est Frédéric.

PHILIPPE, d'une voix éteinte.

Que l'on ramène expirant, peut-être.

Mlle D'HARVILLE.

C'est trop souffrir, je veux savoir à l'instant...

(Elle s'élance vers la porte et rencontre Mathilde.)

SCÈNE XXI.

Mlle D'HARVILLE, MATHILDE, PHILIPPE.

MATHILDE, entrant vivement, et avec joie.

Ma tante, ma tante!... rassurez-vous; le voici.

PHILIPPE et Mlle D'HARVILLE.

Qui donc?

MATHILDE, avec joie.

Votre neveu, M. de Beauvoisis.

Mlle D'HARVILLE, tombant dans un fauteuil.

Ah! je succombe.

MATHILDE.

Comment! vous ne demandiez que lui, et quand il arrive... Ah! mon Dieu! venez à son secours, monsieur Philippe. (Le regardant.) Ah! vous me faites peur.

PHILIPPE.

Il vient, dites-vous, tant mieux; il me tuera aussi, ou j'aurai sa vie.

(Il remonte la scène, Mathilde cherche à l'arrêter.)

MATHILDE.

Philippe!

Mlle D'HARVILLE.

Arrêtez!

(Beauvoisis paraît à la porte du fond.)

TOUS.

C'est lui!

SCÈNE XXII.

Les mêmes; BEAUVOISIS.

PHILIPPE, accablé.

Il est seul! plus de doute.

Mlle D'HARVILLE.

Je me meurs.

BEAUVOISIS, gaîment.

Eh bien! qu'est-ce qu'il y a? vous voilà tous pâles et consternés. (S'approchant de mademoiselle d'Harville.) Vous saviez donc?

Mlle D'HARVILLE.

Nous savions tout.

BEAUVOISIS.

Et vous aviez peur pour moi ? quelle bonté ! calmez-vous, ma chère tante, me voilà.

PHILIPPE, allant à lui, avec douleur.

Et Frédéric ?

MATHILDE, avec effroi.

Frédéric ?

PHILIPPE, avec rage.

Sortons.

BEAUVOISIS, étonné.

Hein ! qu'est-ce qu'il a ?

PHILIPPE, de même.

Suivez-moi.

BEAUVOISIS.

Pour aller à son secours ? c'est inutile, sa blessure n'est presque rien.

Mlle D'HARVILLE.

Que dites-vous ?

MATHILDE.

Sa blessure ?

PHILIPPE, avec joie.

Il n'est que blessé ?

BEAUVOISIS.

Très-légèrement, contre mon habitude.

TOUS.

Est-il possible !

PHILIPPE, prêt à l'embrasser.

Ah ! monsieur, ne me trompez-vous pas ?

Mlle D'HARVILLE.

Vous ne l'avez pas tué ?

BEAUVOISIS.

Moi! par exemple! s'il avait été de ma force, il y avait mille à parier contre un que cela lui serait arrivé, mais comme c'est un maladroit qui n'y entend rien, c'est lui, au contraire, qui a failli me...

PHILIPPE.

Comment?

BEAUVOISIS.

Je l'avais d'abord blessé à la main... une égratignure, une misère... et je m'arrêtai, en lui disant : « C'est bien, monsieur, en voilà assez. — Assez!... s'est-il écrié en reprenant son épée; non pas, s'il vous plaît : il faut que l'un de nous reste sur la place, défendez-vous! » Et il se précipite sur moi, comme un furieux, sans grâce, sans méthode, ce qui est insoutenable pour quelqu'un qui se bat par principes; et, au moment où je lui crie en riant de mieux tenir son épée, il me fait sauter la mienne.

PHILIPPE.

Il vous a désarmé!

BEAUVOISIS.

Contre toutes les règles.

AIR de *la Sentinelle*.

Mais j'en conviens, lors, en homme d'honneur
Il s'est conduit ; et s'il n'est pas habile,
Ses procédés égalent sa valeur.

Mlle D'HARVILLE, à part.

Je reconnais là le sang des d'Harville.

BEAUVOISIS.

« Oui, je voulais qu'un de nous succombât,
M'a-t-il dit : mais, quelles que soient nos haines,
Tout finit avec le combat. »

PHILIPPE, à part.

J' me reconnais. Du vieux soldat
Le sang coule aussi dans ses veines.

SCÈNE XXIII.

Les mêmes; FRÉDÉRIC, le poignet entouré d'un mouchoir noir.

TOUS, courant au-devant de lui.

Frédéric!

FRÉDÉRIC, se jetant dans les bras de Philippe.

Mon ami, mon p...

PHILIPPE, l'interrompant.

C'est bien; c'est bien. (A part, le regardant avec orgueil.) Mon fils! c'est là mon fils!

FRÉDÉRIC.

Vous me pardonnez?

MATHILDE, qui s'est approchée.

Non pas moi, monsieur... nous avoir fait une telle frayeur!

FRÉDÉRIC.

Mathilde!

Mlle D'HARVILLE, à part, et seule à l'autre bout du théâtre.

Et moi, il ne me dit rien, il ne croit pas me devoir de consolations! (Haut, et passant entre Beauvoisis et Mathilde.) Frédéric!

FRÉDÉRIC, avec respect.

Ah! pardon, madame! ce n'est qu'en tremblant que j'ose reparaître devant vous.

Mlle D'HARVILLE, d'une voix émue.

Pourquoi donc? croyez-vous que je n'aie pas partagé les inquiétudes que vous donniez tous deux? N'y allait-il pas de ce que j'ai de plus cher au monde?

(Elle regarde Philippe.)

BEAUVOISIS, s'inclinant.

Vous êtes bien bonne, ma tante. Il est sûr qu'il a rendu là un grand service à la famille.

Mlle D'HARVILLE, saisissant son idée.

Oui, aussi, nous devons le reconnaître d'une manière digne de nous. Mon neveu, nous avions parlé plusieurs fois de votre mariage avec Mathilde ; mais j'ai cru découvrir le fond de sa pensée.

MATHILDE.

A moi, ma tante?

Mlle D'HARVILLE.

Oui! j'ai cru voir que, comme sa mère, elle préférait un mariage d'inclination à un mariage de convenances ; et pour acquitter les dettes de la famille, j'ai résolu, si elle y consentait, de la donner à celui à qui vous devez la vie.

FRÉDÉRIC et MATHILDE.

Il serait vrai! quel bonheur!

BEAUVOISIS, à part.

Par égard pour moi, une héritière de quatre-vingt mille livres de rentes! Décidément ma tante m'aime trop.

(En ce moment, Philippe passe auprès de mademoiselle d'Harville.)

Mlle D'HARVILLE, à Philippe qui est venu auprès d'elle.

Et de plus je ferai pour Frédéric ce que je dois faire. (Bas.) Mais après moi, Philippe.

PHILIPPE, la regardant.

Mais qu'avez-vous?

Mlle D'HARVILLE, bas.

Que je voudrais l'embrasser!

PHILIPPE, bas.

Eh bien! qui vous en empêche?

Mlle D'HARVILLE, bas.

Je n'ose pas.

PHILIPPE, bas.

Vous n'osez pas! vous devez être bien malheureuse! (A Frédéric.) Eh bien! mon... mon cher... monsieur Frédéric, vous voilà avec une belle fortune, une jolie femme; comment, vous ne remerciez pas celle à qui vous devez tout cela?

FRÉDÉRIC, baisant les mains de mademoiselle d'Harville.

Ah! ma vie entière ne suffira pas...

PHILIPPE, le poussant.

Et non! morbleu, pas ainsi; dans ses bras... mademoiselle le permet.

(Mademoiselle d'Harville l'embrasse avec la plus vive émotion.)

Mlle D'HARVILLE.

Philippe, vous les suivrez.

PHILIPPE.

Oui, mademoiselle, je ne les quitte plus.

Mlle D'HARVILLE.

Et quant à votre fortune...

PHILIPPE, avec âme.

Moi! je n'ai plus besoin de rien, je suis heureux et plus riche que vous tous. (Lui montrant son fils et Mathilde.) Regardez!

TABLE

	Pages.
LOUISE OU LA RÉPARATION.	1
LA COUR D'ASSISES.	77
LA SECONDE ANNÉE, OU A QUI LA FAUTE?	141
ZOÉ OU L'AMANT PRÊTÉ.	207
PHILIPPE.	269

Paris. — Soc. d'imp. P. DUPONT, 41, rue J.-J.-Rousseau. (Cl.) 380.2.92.

www.ingramcontent.com/pod-product-compliance
Lightning Source LLC
Chambersburg PA
CBHW060506170426
43199CB00011B/1340